什么是教育

［德］卡尔·雅斯贝尔斯 著

童可依 译

生活·讀書·新知 三联书店

图书在版编目（CIP）数据

什么是教育／（德）卡尔·雅斯贝尔斯著；童可依译. —北京：生活·读书·新知三联书店，2021.3 （2025.10 重印）
（三联精选）
ISBN 978 − 7 − 108 − 07075 − 3

Ⅰ．①什…　Ⅱ．①雅…②童…　Ⅲ．①教育理论
Ⅳ．① G40

中国版本图书馆 CIP 数据核字（2021）第 025726 号

责任编辑　王　竞
装帧设计　鲁明静
责任校对　龚黔兰
责任印制　董　欢
出版发行　**生活·讀書·新知** 三联书店
　　　　　（北京市东城区美术馆东街 22 号　100010）
网　　址　www.sdxjpc.com
经　　销　新华书店
印　　刷　北京隆昌伟业印刷有限公司
版　　次　2021 年 3 月北京第 1 版
　　　　　2025 年 10 月北京第 12 次印刷
开　　本　850 毫米 × 1092 毫米　1/32　印张 6.25
字　　数　112 千字
印　　数　81,001 − 89,000 册
定　　价　38.00 元
（印装查询：01064002715；邮购查询：01084010542）

目 录

Contents

传统总是潜移默化地滋养着年轻一代，自其孩提时代起便是如此；年轻一代通过一种与历史以及往昔伟大人物形象的内在联系而意识到传统。

对教育的思考必然延伸至对国家和社会问题的考察，诸如柏拉图的"理想国"这类社会构想就将政治和教育的组织视为一体双生的。教育将个体塑造为整体的一员，而整体则是实现个人教育的途径。

一个民族的未来，取决于家庭教育、学校教育和自我教育。一个民族培养了什么样的教师，如何尊重教师，以及在何种氛围中以何种尺度和自明性生活，都将决定这个民族的命运。

天赋不是唯一的决定因素。人类并非是动物那般无法改变的顽固族类，而是始终处于实现自身潜能的进程中。教育的界限不可预先划定，而只能在实际中观察把握。

明智的政治家明白，只有精神—道德才具有长远的决定性力量。而只有在教育中，最宏伟的事业才能有组织地实现。

第一章　教育作为必不可少的基本关系

　　作为教育者，漠视学生的处境和心灵，自视优越、有权力，不与学生平等相处，更不向学生敞开心扉，这样的教育者所制订的计划必定是以自我为中心的。教育关系在人类此在中（因年龄、教养、素质而异）不可或缺。某种形式的爱能在教育关系中发挥至关重要的作用，但若没有爱的滋养，教育同样能在机械、苍白、了无生气的活动中完成。爱的理解是提升师生双方价值的因素，但如今，教育已不是实现爱的途径，它只会立刻阻断爱的交流；只有保持无尽的追问和开放态度，以谦和的目光看待他人，爱才有可能实现。一个自认受过教育的人，却感到自己真实的情感受到了欺骗。（PW 128 f.）[1]

　　生活对于年轻学生来说更显严峻，对他来说，此时此刻比

---

[1] 雅斯贝尔斯关于教育的论述，分散在他的多部著作中。本书依德文版标明具体出处，方便有兴趣的读者按图索骥。格式如下：PW 128f., APs 669, 等等。PW 是 Psychologie der Weltanschauungen 的缩写，APs 是 Allgemeine Psychopathologie 的缩写，其后数字表示原书页码。其余缩写参照书后"文献缩写对照表"。——译注

往后的岁月更具有决定性意义，他感到自己仍然可塑，充满可能性。他意识到，要成为更好的人，完全取决于自身，取决于日常的生活方式、生命的每一瞬间以及灵魂的每一次冲动。年轻人都渴望接受教育，或是跟从良师，或是自我教育，或是与人格平等的人进行热烈而充满友爱的交流。(Idee III, 63; ähnl. II, 39)

教育作为一种特殊行为，与训练、照料、控制等都不同。

一、训练与交流的区别

人有三重内禀抵抗力。第一重抵抗力本质上无法改变，只能外在地型塑；第二重抵抗力是一种内在的可塑性；第三重抵抗力则是人的原初自我存在。与此相应，教育亦有三种方式：第一种类似于动物的训练，第二种是教育和规训，第三种是存在之交流。每个人都会在自身中遭遇这三重抵抗力，都需经过自我训练、自我教育，并与自身保持澄明的对话。若是涉及与他人的交流，那么在第一种方式（训练）中，人是纯粹的客体；在第二种方式（教育）中，人在相对开放但保持一定距离的交流中完成一种有规划的、有教养的活动；在第三种方式中，人使自己与他人命运相连，处于一种完全敞开、相互平等的关系中。训练是一种与心灵相隔膜的活动；教育服务于精神内涵；而存在之交流则是相互照亮，这种关系的核心是历史性的，一

般性的见解在这一独特的情境中并不具有意义；这种关系越真实，就越不会沦为别人意志的工具。（APs 669）

二、教育与制造、塑造、照料和控制的区别

面向世界采取积极行动有几个步骤：

1.**制造**　是从物质材料中产出，它是理性可预计的、机械的。比如制造工具和器皿、建造房屋、构建组织。制造的意义是带来有用的东西。

预测　是根据一般认知和计算（不同于先知预言）洞见即将发生的事情。事情的发生是检验预测的标准。

塑造　是创造具有某种形式的作品，它是不可预计的、无止境的。它的语言是创造者的语言，它使物的语言变得可理解。

2.**照料与栽培**　是面向生命的行为，我们倾听生命的律动，是为了在持续不断的叩问中获知生命的答案。园丁的经验、知识和感觉是不可计量的，它们在人类生活中扮演着重要角色。当这类经验过程，在现代世界中逐渐沦为近乎机械的"制造"，生命便会日渐枯萎，变得无节制、晦暗不明而简单粗俗。

3.**教育**　是在人与人（尤其是年长者与年轻一代）的交往中，通过知识内容的传授、生命内涵的分享以及行为举止的规范，将传统交给年轻人，使他们在其中成长，舒展自由的天

性。因此，教育的原则是使人在一切现存的文化滋养中走向本源、真实与根基，而不是只满足于获取平庸的知识——清晰界定的能力、语言与记忆内容不在此列。真正的教育不提倡死记硬背，但也不能期望每个人都成为富有真知灼见的思想家。教育的过程是让受教育者在实践中自我操练、自我学习和成长。这种实践的特征是游戏和探索。这样，手工课以劳作方式培养学生的灵巧性；体育课提升学生的身体表现，并以身体的健美来彰显生命活力；演讲与讨论培养思维的敏锐、言语的清晰与条理、表达的严格与简洁、聚焦论题时的周全考虑与自我约束，以及在观点交锋时仍然保持互动的能力。对伟大作品（荷马史诗、《圣经》、埃斯库罗斯以及其他希腊悲剧家的作品、莎士比亚与歌德的作品）的阐释有助于学生把握人类的原初精神；而对历史图景（包括历史中的榜样）的了解能使学生对古代文化心生敬慕，启发他们为实现人类更高的目标而努力，形成具有现实批判性的历史观。自然科学基本方法的练习则包括形态学、数学作图与实验。

　　一切教育的关键在于教学内容的选择，以及将学生引向事物本源的方式。教育关注的是，如何调动并实现人的潜能，如何使内在灵性与可能性充分地生成，换言之，教育是人的灵魂的教育，而非理智知识和认识的堆集。正是通过教育，人们出于天资或是决心而成为贵族或大众。一个人若只是将自己局限于纯粹的知识，即使他学识出众，他的灵魂也是不健全的。对精神内涵怀有热切渴望的人也会学习、求知，但学习和知识对他来说只是第二位的。教育只是强迫学习，这种观念常常占据主流地位。因为人们相信，学识会在日后为学习者的灵魂注入生气，并使他逐渐接近知识背后的精神内涵。即便学习者一时未能理解他所获得的知识，有朝一日他终会理解。就如人们初读路德的宗教小册子时未解其深意，但久而久之，耳濡目染，便也不知不觉地接受了信仰内容。然而，这种对强迫的盲目信任只不过是自欺欺人。只有导向自我克服的强迫才会对教育产生作用，其他任何一种外在强迫都不具有教育作用，反而只会将学生引向对世俗实用的追求。在学习中，唯有被灵魂接纳的事物才能成为自身的财富，其他的一切都仍停留在心灵之外，无法获得真正的理解。还要注意另一种错误倾向，即认为人只是通过历史而存在，仅仅在书本和学校中成长起来。

4. **控制**　是针对自然与人而言的。控制的方法是在与他者完全疏离的情况下，将自己的意志强加于他者。

控制不是**创造**。控制事实上不产出任何事物，而是用力量对抗力量，以一方击败另一方，并有计划地使这些力量相互作用。

控制不是**爱**。控制发生在人与人心灵无交流的距离中，控制者并不对被控制者负责，他只是使用诡计，混淆"义务"与

"服从"的概念，他以无条件的联结取代爱，没有这种联结，一切控制都是不可能的，他使被控制者盲目相信所谓对他来说最好的事物，以此取代真诚的交流。

在与自然的关系中不存在这些问题，尽管自然也可能受到某种威胁，不过，对自然的控制可能并非是无节制的，而是出于良心的准则。

但人与人之间的控制是一个严峻的问题。（W 364 f.）

第二章　教育的基本类型

一、经院式教育、师徒式教育与苏格拉底式教育

如果不考虑社会和历史因素，那么教育有如下三种可能的基本类型。

1. **经院式教育**　这种教育仅限于"传递"（tradere）。教师的职责只是照本宣科，其本人称不上是富有活力的研究者。一切知识已被系统化。某些作家和书籍被奉为权威。而教师的角色是非个性化的，他只是一个传声筒。教材内容已被条条框框限定。在中世纪，教师以口授和评讲的方式教学。口授的方式如今已不再被采用，因为它完全可以用书本替代。但其内涵还是留存了下来。学生委身于一个可为其提供庇护的整体，但不听命于任何一个特定的人。知识已被固化。人们普遍怀有这样一种想法：去学校就是学习固定的知识，掌握现成的结论，"将白纸黑字带回家"。——这种经院式教育是西方理性主义传统不可或缺的基础。

2. **师徒式教育**　在这种教育中，举足轻重的不是非个性化

的传统，而是一种独一无二的个性力量。学生对教师的敬爱带有服从的色彩。这种服从的距离，不只是源于等级和代际差别，而是本质性的。教师人格的权威具有神奇的力量。这种力量满足了人们顺服他人而放弃自身责任的需要，使人在一种联结中获得依附的轻松感，增强自我意识，实现自己力所不能及的严格教育。（Idee III, 84; ähnl. II, 47 f.）

3. **苏格拉底式教育** 在这种教育中，教师与学生处于同等地位。双方都追求自由的思考。没有固定的教学方式，只有无尽的追问与对绝对真理的无知。由此，个人的责任被最大程度地唤起，并且丝毫不会松懈。这是苏格拉底"助产式"的教学方式，即唤醒学生的内在潜力，促使学生自其内部产生一股自发的力量，而不是自外施加压力。在此过程中发挥作用的，不是以某种特殊方式呈现的偶然的、经验性的个体（Individuum），而是在无止境的探索中实现的自我（Selbst）。苏格拉底式的教师一贯抵制学生将其视为权威的愿望，他使学生的注意力从教师身上转向自身，而他自己则藏匿于自相矛盾的假面之后，变得不可捉摸。教师与学生之间是充满善意的切磋琢磨，在这种关系中没有屈从和依赖。教师明白自己也不过是凡人，并告诫学生不要把凡人当作神灵。

这三种教育都要求学生怀有敬畏之心。在经院式教育中，这种敬畏的核心是社会等级制度中的传统；在师徒式教育中，学生敬畏的是教师的个人人格；而在苏格拉底式教育中，学生对精神的无限性怀有敬畏之心，这种精神的无限性赋予人超越自身存在的重任。（Idee III, 85）

二、作为教师的苏格拉底

直到克尔凯郭尔，人们才找到了理解苏格拉底及其在现代世界中的深刻意义的本源性入口。苏格拉底的教育包括反讽和助产术，他是启发人们探索真理的引领者，而非传递真理的中介人。（GP 122 f.）

谁若体验过苏格拉底式教育，他的思维方式便会改变。（GP 125）

当今世界的不合理现象，无论是在民主政体、贵族政体还是专制政体中，都无法通过重大的政治行为来消除。改善社会的先决条件是每个人都接受教育，以便能自我教育。教师要唤醒人的潜在本质，使他在认识世界的同时认识自我，在学习知识的同时探索道德。一个正直的人，同时也一定会是正直的公民。（GP 107）

每个人都有神圣的潜能，因此，苏格拉底总是将他人与自己置于平等的地位。他不喜欢门徒制。他甚至总是借助自嘲来掩饰自己优越的天性。（GP 127）

苏格拉底从不给学生现成的答案，而是让学生自己通过探索得到答案。他使那些自以为是的人意识到自己的无知，进而发现真知，也引导人们从内心深处发现那些尚未被自己意识到但实际已经拥有的认知。因此可以说，真知必须从每个人自身中获得，它无法像一件货物那样被转运，它只能被唤醒，就像重新回忆起仿佛很久以前便曾知道的东西。（GP 109）

苏格拉底最值得我们深思的独特之处是：他会毫不留情地批判谬误，对自己亦有最严格的审视，他坚持真、善与理性。这是一位思想家义不容辞的职责。苏格拉底不知何为神明，但谈的却是神明之事。无论世界怎样变化，他始终坚持这一原则。（GP 111）

这就是苏格拉底的虔诚。首先，他始终相信真理会在不断发问中显现；真诚地认识到自己的无知，便不是真的无知，相反，在这种认识中会产生决定生命意义的知识。其次，苏格拉底的虔诚表现在他对城邦众神明的信仰中。最后，苏格拉底的虔诚也表现在对守护神的敬意里。（GP 108）

受过苏格拉底影响的人，都会经过思考而变成另外一个人。这种思考使人在与"道"的结合中仍然保持独立。在思考中，人们获得了自身发展的最高可能性，但也可能陷入虚无。唯有当思考孕育着即将成为现实而超乎思考本身的事物时，思想才成其为真理。（GP 121）

三、对话是通向真理与自我认识的途径

对话是通向真理的途径。（GP 263）

对话　苏格拉底式对话是他生活的根本事实：他经常与手工艺人、政治家、艺术家、智者和妓女探讨问题，他像很多雅典人一样在街头、集市、运动场和餐宴上消磨时光。这是一种与所有人对话的生活。但这种对话对于雅典人而言是新鲜而不同寻常的：一种使灵魂深处激动不安的、难以抗拒的对话。如果说对话是自由不羁的雅典人的生活方式，那么作为苏格拉底哲学媒介的对话就有所不同了。唯有在人与人的交流中，真理才可能敞开，这是真理的本性。为了追求真理，苏格拉底需要群众，而且他相信群众也需要他，尤其是青年。因此，苏格拉底决心投身青年的教育事业。

苏格拉底主张，教育不是有知者引领无知者，而是人们携手走向自我，从而使真理向他们敞开。师生互相帮助，互相促进，在似是而非的自我理解中发现困难，在迷惑不解中迫使自己思考，不断追问且不回避作答。当基本知识了然于胸后，真理便会显现出来，成为维系群众精神信仰的纽带。苏格拉底去世后兴起的对话式散文创作，依据的就是这一道理，柏拉图是这类创作的大师。（GP 106 f.）

洞见产生于一筹莫展的"思"之痛苦。《枚农篇》中有这

样一个例子：有一个奴隶，最初对一道数学题的解法胸有成竹，但经过反复提问和质询后，陷入了进退维谷的窘境，从而猛然意识到自己的可笑和无知，经过进一步追问，他顿然领悟到正确的答案。这一实例说明，对话形式有助于辨明真理。对话者并不知道真理在何处，然而真理其实已经在那里。他们围着真理打转，最终得到真理的指引。（GP 108 f.）

对话是思想自身的实现。（GP 263）

当对话以人类及其处境为内容时，人们便可以在对话中发现所思之物的逻辑与存在的意义。（GP 265）

四、反讽与间接传达

反讽与游戏　倘若苏格拉底式反讽是以直接的方式表达出来的，那它就不必存在了。要体会反讽中的言外之意，除了训练理性思维，培养哲学敏感性也是必要的。在反讽的多重面向中，迷惑与真理相互交织，真理只是对那些正确理解它的人才成为真理，这种意义的模糊性不断诱导误解。在这一点上，柏拉图的本意似乎是：那些没有理解力的人，就让他们误解吧。在反讽的诙谐中常常暗含着一种激情。理性无法抵达之处，便不能强求以理性的推理获得正确的答案。反讽的深层意涵是对本然真理的关切，它使我们避开歪曲真理的错误，这种歪曲往

往以具体的知识、作品来呈现，其精妙绝伦的形式使人误以为它就是绝对真理。(GP 267)

反讽是对本源内涵的真确表达。面对理性话语的单义性与表象的歧义丛生，反讽以唤醒而非直接言说的方式触及真理。哲学式的反讽企图透露隐匿的真理的迹象，而虚无主义式的反讽不过是油嘴滑舌，毫无意义可言。有意义的反讽希望在众多复杂的表象中，真实揭示不可言说的实情真相；相反，无意义的反讽只会在复杂的表象中坠入不可知的深渊。哲学式的反讽以直接性为耻，因为轻而易举获得的绝非真理，甚至可能是彻底的谬误。

上述这一切都能在柏拉图的对话录中找到。我们可以看到，反讽分为三个层次。首先，苏格拉底对话中的反讽在他令人迷惑的、或温和或激烈的言辞中清晰可见。更高层次的反讽是苏格拉底的基本态度，让人获得"无知之知"，即让人对自己的无知有所认识。第三个层次的反讽是，柏拉图创造了一种普遍悬置的氛围，在这种氛围中，一切现成事物都变得绝对地模棱两可。唯有在这种模棱两可中，在纯然反讽的氛围中，存在的核心才会自我显现：凡不是以这种方式去伪存真获致的，都不是真知。思与神话都不过是向存在之名(der Name des Seins)自行隐匿之处抛出绳索。言说的哲学只是在可能性中一路行进。它是严肃的，但不是那种自以为拥有真理的教条主义者道貌岸然的严肃，也不是虚无主义者令人生厌的严肃，而是一种本质上自由的、可以自称为游戏的快乐的严肃。（GP 267 f.）

五、教育作为转向的艺术

转向 人类的洞见往往与一种内在转向（metastrope, periagoge）相关。它并不来源于外在的给予，也不发生在目力所及的感官层次。相反，正如眼睛在眼窝中的转动总是伴随着整个身体的活动，知识也必须跟随整个心灵从"生成"（Werden）的领域转向"存在"（Sein）的领域。教育（paideia）是引导人们转向的艺术。由于教育具有这一神圣本源，在它隐秘的力量中始终蕴藏着理性洞见的财富。但教育唯有通过令人转向才能实现对人生的拯救，否则，这笔财富将会失去效用。（GP 275 f.）

六、教育作为习惯的生成

习惯 习惯源自不断的重复。人的习惯似乎是在不知不觉的无意识中形成的，但这种无意识是一度在困境中以清醒的意识行事的结果。我们生活在已成为我们习惯的过去之中。习惯是我们存在的基础。没有习惯作为底蕴，我们的精神将寸步难行。当下无意识的思想关联承接着有意识的思想。习惯是道德的载体。习惯具有两种可能性：

一种可能是，习惯作为基础服务于我们，其内容随时可被我们把握。同时，习惯的内容还是我们赖以生存的指南和知识。习惯的形式只是保障了实际需要的事物。习惯并不具有支配性，相反，它处于附属地位。

另一种可能是，习惯既巩固传统也削弱传统。传统的内涵自身并不能推动人类前进，而只有积淀下来的习惯才具有这一作用。人们在平静的生活中保持着习惯，似乎不必过问其意义。但那不过是自欺欺人。一旦遇到根本性的冲突，习惯的内容便被暴露在日光之下，毫无反抗能力。静止的习惯陷入了困顿，其意义也不再具有生命力。人们在单纯的习惯中丧失自身。

然而，习惯仍是维持思想连续性的必要途径。人不可能每时每刻都生活在新创造的环境中。因此，许多习惯就作为决策的规则、习俗的形式、行为和态度而约定俗成，成为人们的生活方式。教育、家庭教养和职业行规使人类社会成为可能，没有它们，社会将无所依持。尽管在危急时刻，这些形式都不是绝对不可摧毁的。但是，在思想中却要保护这些形式免于遭受破坏。轻松自如地沿袭这些形式，使习惯成为我们的第二自然，将赋予共同体以历史的基调与可靠的凝聚力。在 1812 年的莫斯科撤退中，司汤达仍然没有放弃每天早晨刮胡子的习惯。放任自流就是堕落。因此，作为形式的形式，作为纪律的纪律，即使可能沾染杂质，也仍是发挥作用的权威。(W 826 f.)

第三章 直接传达与间接传达

一、现行知识与原初知识的可教性差别

如果将知识分门别类，则可分为现行知识和原初知识。现行知识是关于如何拥有和使用某物的知识，原初知识则赋予现行知识以本义。这两种知识的可教性与传授性不同。数学、天文学、医学知识以及手工艺知识，可以以简单、直接的方式传授给学生。但是，诸如真理的本源、正确性中所蕴含的真理、可传授的知识与整个生命的意义从何而来又往何处去，以及，那些关乎人之为人的标准，又如何是可传达和可教的呢？

知识中的真理，允许对象以其可言说性和可定义性开辟道路，但不允许对象作为知识的最终形式出现，由此产生下述问题：真理是否可能以语言的形式呈现？它难道不会因"无对象性"而遁入不可言说之境吗？然而，倘若真理摆脱了一切可交流性，它就不再是真理。如果真理收回了直接传达，剩下的便只有拐弯抹角的间接传达。柏拉图将真理如何自身显现的问题作为哲学的根本问题，然而他没有对此作出最终的回答。纯粹

凭借理论的洞见无法理解或解决这一问题。真理问题首先被柏拉图推向极致，成为历代哲人不断追问的对象。（GP 259）

二、书面传达与交际中的传达

柏拉图在《第七封信》中就真理的传达问题提出了自己的看法："与其他事物不同：事实上，语言无法把握真理，唯有长时间投注于对象的科学交往，在相应的生活团体中，真理才会突然出现在灵魂中，犹如一盏油灯被跳跃的火星点燃，并源源不断地为自身提供燃料。"唯有在毫无保留的对话中——这种对话往往发生在团体中——未言说的与不可言说之物才会通过言语间接地传达自身。它往往在一刹那闪现于人群之中，而其基础是持之以恒的、富于生活气息的交往。（GP 259 f.）

柏拉图对文字传达的评价不高。因为文字恰恰不能传达真实交往中共同的、交互的思考，以及真理闪现的瞬间。（GP 260）

本真的传达唯有在人与人的交往中才能实现。它并非对任何人敞开，它只选择那些善于接受的心灵；当逻各斯渗入接受者的心灵，他便有能力帮助自己，懂得何时应该慷慨陈词，何时又该保持沉默。这样的心灵会再次承担起传播真理种子的任务，而这是书写传达无法取代的。（GP 260）

书写传达仅对少数凭借细微暗示便能发现真理的人有意义。它能唤起那些富有经验的人的回忆。（GP 260）

柏拉图像诗人那样，将思想带入了可能性的领域。这允许他悬置自己的观点。但我们不应将哲学式的对话理解为不承担义务的美学，相反，它讲述的是对话者自我实现的严肃体验。因为对话是在思想的哲学形式中对真理的间接传达。

对话的唯一目标是对真理进行思考。其过程首先是解放被理性紧紧束缚，但有着清晰发展脉络的、终极的论断，然后是对单纯的理智判断力产生怀疑，最后则是使理智判断力在更高的源泉中臻于完备，接受真理的绝对性，体认其内涵与指引。（GP 262）

柏拉图的对话通过描绘论辩双方的成功与失败、成功的条件，以及适用于任何时代的得体的形式，为那些愿意真诚交流的人们提供了一面镜子和一种教育。（GP 264）

接受辩驳的能力是通过教育获得的，这是高尚境界的表征；对于无法接受辩驳的人，哪怕是皇帝，我们也可以认为他是缺乏教养的，并对他的心灵嗤之以鼻。（GP 266）

三、传达的形式与真理的形态

这显然是一门技艺：如果传达者没有简单地说出何为真

理，而是通过其他途径来传达真理，那么他必须倍加小心地寻找这种途径。假如直接说出的内容被证明是错误的，但若要将一切都视为具有绝对价值，那么便存在这样一个问题，即它是否间接地说出了什么，从而使真理与真理在这种传达的媒介中彼此相遇。（N 402）

在直接传达中，被说出的真理是以客体形式存在的，它可以脱离于思考者，以同一的形式传递。

而在间接传达中，真理变得可感知，它在客体性媒介中显示出它作为历史之例外的主体性。这种真理与孕育它的思想者不可分离；它从来不是同一的，人们只能在变换的形式中感知它。真理在自我实现时发挥着唤醒灵魂的作用。（W 761）

我若是将某物作为一种恒定的内容、作为我的所思之物直接地说出来，它就会被任何人以同样的方式理解和把握。在此，思想者本身无关紧要，重要的是所言之物。但若某一事物并不是人尽皆知，而只存在于思想者自身的存在中，那么，唯有当思想者深深地投入其所思考的真理，并随之转变自身时，真理才能被传达。这是他作为自由存在者的行为，他无法将真理视为全然与自身无关的内容。而他必须亲身完成的行动，也无人能以言语告知他。在言说中，不可言说者只能借助直接的形象变得可感而明亮。（AuP 314）

第四章　可在有限范围内计划的教育

一、计划的必要性与全盘计划的危害

依据理性的判断，我们可以分辨出如下两种计划之间深远的区别：一种是在特定情境下不可或缺的具体安排，另一种是在一个无法企及的整体内进行全盘的计划。与之相应，我们也能分辨出两种活动，一种是在人类能力范围内的自由施展，另一种则是虚构空间里的狂热行动。（AZM 383）

马克思深信自己已掌握了历史发展的全部知识，因此他认为对人类的全盘计划是有意义的。在这个全盘计划里，人类的一切活动都与他所认为的历史必然性相吻合。马克思以其所谓的全部历史知识作为全盘计划的根基，并将全人类置于他的计划之内。他不仅要为人类改变世界，还要改变人类自身。马克思认为，这不是一个理智任意构想的计划，而是历史发展的必然性。（AZM 384）

科学知识的引导：

与马克思主义的教条相反，科学研究的立场是伴随知识的进步有计划地引导事物的进展。科学认识日益为人们所运用，并在自由决定、多人合作、法律及自由政治的范围内得以实现。

这看似容易。但是，当代人的计划、组织和系统已大大超越了应有的限度，它们渗透到整个人类存在的空间，将人紧紧攫住，逐渐扼杀人类的存在。

我们的整个此在是以有意义的计划为基础的。为了控制尼罗河或黄河这些川江大河以防止灾害，并使它们有益于人类，就需要一套管理系统和组织工作。早在公元前几千年便是如此。国家和管理机构就是在那时建立起来的。制订这些计划的原初意义是治理大自然以利于国计民生，国家制度正是实现此目标的工作组织方式。技术、企业管理和经济知识使这些计划成为可能。在过去的一个世纪里，随着知识与技能的进步，这类计划得到了迅速的发展。由于此类计划适应于事物的本性，因此各国对此都秉持一致的态度。今日所谓的机构也就是有意识、有组织的控制的总称，它们是科技时代的产物。无论在哪里，都有类似的现象。但其中也有一些根本的不同。

1.计划工作：工业革命及其大规模统治的世界，在任何地方都可能使人的功能性得到发展，但从中发展出了两条道路，或成为服务于自身的工具，或任其自由发展。（AZM 385 f.）

2. 对于人类无法创造之物的计划：人是无所不能的这一观念极具诱惑力。人们希望最终能按照计划创造出超人，无论是以生物学的方式，还是通过创造有利的生存条件。然而，这些计划根本不可能实现，尤其是受到我们知识与能力的限制，它们只会在实际的尝试中化为泡影。（AZM 386 f.）

3. 对不可计划之事的间接计划：我们常常会遇到如下两种情形，一种是只要具备足够的知识，原则上就可以做出计划的，另一种则是根本无法计划的，二者之间似乎没有严格的界限。凡是个人听任自由意愿所做的事，都是超出计划限度的。但是，也可以提供一些条件，使个人的自主性更易施展。可以想象，对不可计划之事仍可以做一番计划，那就是创造一个让它得以自由实现的空间。就对待动物而言，我们不仅饲养它们，还要照顾它们。那么对于人类，则需要教育。但真正的教育根本上仰赖那些不断自我教育的教育家。他们在与他人的交往中持续地付出和倾听，恪守自己的理想与唤醒他人的信念，通过在传统中学习和实践而找到一条未被限定的道路。对教育的计划，仅可在狭窄的范围内进行；一旦越过了界限，随之而来的或是严格的训练，或是杂乱的知识，而这些都与教育的初衷背道而驰。

教育学与政治引导的重要任务之一是设置传授精神传统的

机构。这是对不可计划之事的操持。人们总是期望借助设立这样的教育机构来阻止教育计划逾越最初设定的范围。但是，正是这类教育机构使人们面临着违背初衷的危险。

人们依靠理解力来制订计划。理性赋予计划以意义，这种意义是个别计划目标无法穷尽的，同时，理性对计划的界限也十分清楚。缺乏目标的计划只会失败。计划无法取代理性的位置。对手头的事情放任自流，是计划得太少；但若想接管一切人类事务，就是计划得太多。

4. 全盘的科学的计划：现代科技思想以科学研究为基础，意图将事物的发展控制在所希望的方向上。这与马克思通过整体知识来把握事物的发展方向有所不同。历史、社会、政治研究，统计、对比、理念类型建构、意见调查，等等，都能为制订计划提供方向。

人们渴望发现人类行为与历史进程的法则，并依据这类知识来控制事物的发展，使其变得与自然现象一样有规律。人们寄希望于心理学和社会学知识，认为一旦这些知识得到普及，就能被用于上述目的。（AZM 387）

每一个计划都凝聚着理解力的作用。但如果我们想把作为理性行为的对自由的决断纳入计划之中，那便是超出了理解力的范围。如果在过度的计划中，假想的科学指引取代向理性之自由的转向，那么灾难就会随之而来。

人只能作为独立的个体改变自身，由此或许可以唤醒其他人。但这一过程若有丝毫强迫之感，其效果就会消失殆尽。世界状况的改观有赖于理性在其范围内以及个人在其影响力之内所能做到的程度。（AZM 388）

全盘的计划——它将整个人类此在视为一个群体组织——总是在人类理解力的有限视域内运作。它是对真正的人性的扼杀。以各种方式将我们的整个此在纳入任何有违本性的计划之中，同样是令人难以承受的。因为这些计划并没有将自身限制在真正可计划的事物中，反而吞噬了属于人的自由。（AZM 389）

二、转变的必然性与不可计划性

必然的转变是不可计划的。——具体可解的问题与人之转变，情形迥然相异。前者不必触及运用理解力的人本身；后者则要求人全身心投入。

不能将这种转变作为目标来期许，但从中却能生发出一种新的、有目的的意志。思维方式的革新只能在自由中诞生，它使所有的计划从一开始便获得了意义。因此，意图使人类免于毁灭的计划本身注定是徒劳的，尽管是经由理解力思考的。唯有在思想领域、在理性的自由中发生了某种变化，行动才可能带来救赎，因为如今一切确定的计划都源于人类的得救或沉沦这一命题。救赎问题是一切具体计划的依据。

由于转变是不可计划的，因此，将人的某种改变作为防止其堕落的手段，同样是徒劳的。仅被当作手段的事物已不再是其自身。唯有将人引向其自身的、无目的的转变，才能使人在内心对可能的沉沦有所准备，从而得到救赎。没有人愿意被当作工具，因为，就其本源而言，人渴望成为真正的人，而非异化的人。对极端情形的考虑，正如在今天可能发生的，会使另一种本源发挥作用，但却无法创造这一本源。

让我们重申这一点：在我们的处境中，仅仅通过计划来选择自身的道路是行不通的。单纯地制订计划本身已意味着选择了沉沦的道路。另一点同样重要。它来源于——或外在于——自由人的本源，即一种转向新的行动意愿的决定。一切计划都取决于这一决定，但它本身却是无法被计划的。单纯地制订计划是一种逃避；一种对真正重要的事物的逃避。这并不是说要放弃任何富有意义的可能的计划，也不是说允许毫无计划，而是说，那先于一切计划而存在的事物，将塑造计划的过程本身，事实上，它使计划变得切实可行，既包罗万象又并然有序。（AZM 321 f.）

生命的重复与流变必然在个人身上留下印记。这不是一件可以盲目期待的事情。每一个为理性之光烛照的人都应不断地将理性付诸实践，尤其是在他与旁人的交流中。而那使他意识到自身之自由的超越性也将帮助他完成这一实践。理性并非意志的行动，而是来自本源深处的决断，它是一切意志的先导。当我们与那些透过历史向我们言说的伟大人物相交时，理性便会被唤醒。隐匿的人物身上也蕴含着理性，他们同样是人类内聚力的基础，完全不会消失在存在的无政府状态中。（AZM 324）

三、教育计划的局限

近百年来一直流行着这样一个观点，即我们已处于千年历史的终点。历史的进程以不断加快的步伐走向未来，这一未来向我们展示了如下图景：所有人，无论中国人、印度人还是西方人，都肩负着一个共同的使命，但我们尚缺乏完成这一使命的条件。在这种情形下，对未来一代的教育变得至关重要。在这种教育中，我们能够从历史的根基中唤醒我们的内在深度，将传统的内涵加以保存，但其中也蕴含着另一种可能性，即彻底切断与传统的联系，或是将其视为一堆瓦砾——人们可从中任意拣选用于构筑新建筑的石块。这一仿佛自虚无中筑就的新建筑的基础即是所谓关于人类本质与幸福的社会学、心理学知识。因此在全世界，教育已成为一种有意识的思考和持久的改革。人们处处计划，如何使教育更好地得以实施，或是如何将其建立在全新的基础上。这些计划关乎孩子们的未来与人类存在的未来，它们取决于家庭、学校与孩子周围的小环境潜移默化的影响。

在某些地方，教育被全盘地计划，规则、层级与强力一直渗透到最细微的层面。统治者对其实施教育的方式有十足的把握，他们以科学和技术，特别是心理学方面的知识为依据，像运行机械设备那样组织教育。教育被降格为培养工具化的、驯顺的人的活动，它赋予人们一种参与创造预想中的伟大未来的冲动。人们迫切渴望加入这一洪流，在功能化的过程中实现自身的价值，成为工具，并将他人也转变为工具。这一切基于有计划的、庞大的人类结构，而并不是以个人和个性为基础的。根据需求，他们可以被随时替换。而智力、技术和功能则是评价他们的标准。他们在工作中被消耗，当他们不再有用时，也就被淘汰了。浪费十分普遍，因为这类"工具"的生产远远超出实际需要。

在另一些地方，情形则完全不同。西方、印度与中国仍然深深扎根于它们三千多年的历史传统中，它们抗拒精神的毁灭。不过，他们中的一些人在面对世界历史进程时感到无能为力，变得怯懦起来；另一些人最初是怀疑，而后便陷入了司空见惯的虚无主义：一切都无关紧要，我们无事可做。一些人企图将人类面临的重大问题与抉择掩藏起来；还有一些人则以玩弄当代政治魔术为最大乐趣。

我们长久生存的一个重要基础就是，以自由的精神指引一切计划。这一基础一直历史性地存在着，并通过日常的现实在孩子们心中复苏，但它作为一个整体，既无法被计划也无法被创造。对于我们来说，清楚地认识到什么能被计划、什么不能被计划，在充分意识到无法计划之事的力量的同时，不断澄清所欲达到的目标，并不是一件容易的事情。以错误的方式制订计划，或是遗忘了根本的基础，都可能使人不知不觉走上错误的道路。不间断地制订计划，对我们人类来说完全必要。我们反对的不是计划本身，而是以错误的意识倾向指导计划的制订，以及将一切不可知之物纳入计划之中的做法。我试以一些例子来说明：

1. 儿童应当获得能力和掌握知识。知识是以纯粹的形式通过科学来传授的。于是便有了将内容与科学方法传授给年轻人的计划，而科学已在生活中显示出其实用性。举例来说，历史并不只是以批判性的历史学为基础，它首先呈现为一门科学。在古典语言课程中，对本国语言内涵的领会与语言学知识的学习交融在一起。《圣经》课成了宗教史。但是对于儿童来说，最重要的不是掌握科学，而是以直观的形象充实他们的精神世界。因此，最重要的是，教师要言简意赅地传达内容，使儿童的思维结构与理解力得到锻炼，变得明晰，从而获得对事物的确切了解。可以说，教育首先是一个精神成长的过程，其次才是科学获知的过程。对于从事科学职业的人来说，无所谓有价值的知识与无价值的知识。但从教育的角度来看，科学意味着价值的匮乏。在教育过程中，科学思维会成为一种有意识的知识经验，带着理性的强制色彩。因此，科学思维作为人类存在之不可或缺的基础，同样应当为自身划定界限。对科学课程的计划不能由科学本身或是科学专家决定，而应当依据一种完全不同的、对本质性问题有所研究的专业权威。这种计划立足于责任而非科学的正确性。在其引领下，科学在学校里的角色，尤其是在对知识价值的评估上，必须时刻受到学校精神的检验。

2. 应当顺应孩子的天性和能力因材施教。作为关于人类行为、生理心理机能、发展阶段和变态科学的心理学，应成为教育计划和决策的基础。教育将成为一种心理学活动。有一种流行观点认为，研究者能够洞悉作为现实的人类自身，即从心理学的角度来看，人可以和应该成为什么。这是一个致命的现代谬误。不过，从事心理学研究仍是有意义的。在关于疲劳、记忆以及诸发展阶段的特性问题上，心理学已取得了一定可供人们运用的知识。运用心理病理学知识可以避免诸多不必要的痛楚，修正一些仓促的判断，让人一方面怀有希望，另一方面也承认无情的事实。心理学只是人类的缺陷与病态方面的指南。如今，心理学通过问卷测试等方式起到了这样的作用：在企业和学校中减少摩擦，以提高生产力和学习能力。我敢说，往往是由于这种事实上的对人的贬低以及过高的希冀，才使人们从个案判断中得出虚假的知识。唯有对心理学和精神病理学的可能性边界有清晰的意识，才能恰如其分地运用它们。但心理学家打算成为人类的主管，实在是一个不可置信的怪现象。心理分析披着科学的外套，不顾科学要素的整体性，俨然成为一场信仰运动，这一运动在美国已成为荒唐可笑的现象。在我看来，心理分析的渗透已成为毁灭人类尊严的一种方式。（参见 *Allgemeinen Psychopathologie*［《普通精神病理学》］，5. Aufl.1948，以及 *Rechenschaft und Ausblick*［《汇报与展望》］，1951 中收录的短文 *Kritik der Psychoanalyse*［《心理分析批评》］）

不应将教育计划建立在被误认为是心理学的知识基础上，相反，教育计划应该限定在真正的心理学洞见的范围之内。人们会说，作为科学的心理学对于教育并不起到决定性作用；没有心理学，教育仍能保持其固有本性，尽管在教育主管部门中，心理学能起到一些附带的作用。

3. 将儿童培养为社会所需的有用之才，意味着如下两点：首先是唤醒共同体的历史性精神，唤醒象征中的生命意识。儿童在无拘无束的日常生活中，通过社团交往、语言交流以及教育者所传授的人类现实状况而获得历史性精神与生命意识。其次是教授和操练未来职业所必不可少的技能。两者皆不可偏废。前者关乎学校的精神，每一所学校都有其不可替代的独特传统，需要悉心扶植、呵护，使其成长壮大。后者则关乎学校的意图和计划。一个世纪以来，人们通过不断改进教学方法、修订教材、探索更优质的练习方法，使教学的直观性得到了显著的提升。

然而，在这些丰硕的成果背后却暗藏着阴影。对可计划的成就的追求使人们忽视了整体精神的培养。为了给将来的生活与职业做准备，越来越多的内容被塞进课堂，专业门类不断增加，直至学校分裂为诸多不同的学院，而这些学院都是以服务于将来的不同职业为宗旨的。在这种情况下，整体精神的传承、对教育共同体的信任日渐式微。处处都是为争夺学生而展开的专业之间的激战，专业精细化的追求降低了原本作为人的教育的整体要求。课程计划时常更换。高中一度规定，学生在学习期间需要掌握希腊语与拉丁语、《圣经》与数学、历史与地理。实际上，这几门功课足以构建一个人的精神基础，所有其他知识和技能都可以在校外或将来的生活中获得。但如今的大学和技术学院中，如下现象甚嚣尘上：没完没了的讲座和练习阻塞了学生自由探索的精神道路，专业与知识不成系统，教授只是传授考试技巧，等等，这些都削弱了原初的精神生活，使学生失去了反思能力、承受孤独的能力，以及针对一个问题反复思索的习惯。我们是否应该持悲观主义的态度，即认为资质平庸者只配得上单纯的训练而无法享受智性生活？还是说，仍然可能赋予他们某种自由，即为他们提供足以激发智性火花的内容，而不只是纯粹地增加课程的强度？如果这一可能性无法实现，那么无论人们如何抵触，教育迟早会在世界范围内导致诸种形式的极权主义。

科学知识的传授，作为与儿童相处的正确方式的心理学，培养儿童成为有用之才的训练——以上三个例子表明，倘若没有恰当的计划指引，或是使手段变得绝对化，那么，从正确的方法中也可能产生谬误。面对这种情况，我们应该怎么做呢？当理性的指引无法对此作出回答时，就应为理性本身设定界限。重要的是，人们应该清楚，为不可计划之事制订计划，本身是个悖论。

已过去的一切无法重现。真实必定来源于当下的冲动。但透过伟大的过去，我们能更加明确当今学校的任务：创建学校的目的，是将历史上的人类精神内涵转化为当下生机勃勃的精神，以此引导学生掌握必要的知识和技能。

但这一任务无法仅仅通过理性的计划来实现。当计划自身获得了独立性，它就会使人分心。用于计划的手段自身变成了目的。科学的认知与成绩的提升成了最终目标，而心理学则成为制订教育计划的方法。举例来说，科学只是教育的一个要素，如今却几乎成了将来研究职业所必需的预备课程。教学法又将记忆与技能方面成绩的提高绝对化了。心理学认为，心理机制与可理解的动机是自由人的工具。但我们可以断言：即使在没有科学、教学法和心理学的地方，优质的教育仍然是可能的。但如果整体的历史精神枯萎了，教育就会面临威胁。一个不加评判地讲述希罗多德并稍加杜撰的教师，能使一幅生动的古代画面深刻地烙印在学生的记忆中，他把握住了历史的真实，且这种真实是难以忘却的——尽管在"科学"的教育者看来，这种做法轻浮且不值得效法。一位从不迎合时尚、以教书和探求真理为本职的教师，庄严地在黑板上写下富有魅力的言辞，引起学生对终极价值与绝对真理的向往——尽管学校当局可能会要求他以更有技巧的教学法来教学。

一位不懂心理学的教师——他将全副精力投入对至高的普遍性问题的思索，教育孩子们选择严肃而恰当的人生道路——可能会陷入心理学的盲目境地（因为他对心理病理学全无了解）从而导致个人的不幸，但他却因为有自己的立身之本而仍然秉存本性。也就是说，他首先考虑的并不是让孩子们成为不能经历风雨的花朵，而是与他们一同在具体的事物中探索生命与世界的本质。

唯有在与事物的接触中，才能感受到真正的严峻。以心理学为手段的严厉，或是如同军事训练般的强制，也许只是为专横和暴力提供了温床。

在教育中，人们可以全面地沉思和制订计划，但更重要的是，要设定计划的界限，并认真遵守它们。主管部门在计划范围之外，它们也无法为自身设定计划。它似乎存在又似乎不存在。我们的希望建立于它如今仍然存在这一事实；但它并不存在于成绩、分数与教学计划等可掌控的事物之中。起关键作用的是教师个人，在教室的四壁之内，他有承担自身责任的自由。然后，真正的生活在那里开始了——这有时会招来官僚的计划制订者和学校管理人员的憎恶——在那里，人道主义精神意味着承担起对精神内涵的责任。尽管计划无处不在，原初的真实仍占有一席之地。如果计划制订者对此有所意识，他就会尽可能少地扰乱它。这种原初的真实存在与否，反映在孩子们未经反思的意识中，也反映在教师以良知完成的使命中。他对此感到愉悦：美妙的课文与良好的教学法将在孩子心中播下伴随其终身成长的种子。

一切动力、勇气与喜悦都来源于教师人格中的引导力量，而学校的精神共同体更使其蓬勃发展。这种力量超越于学校的范围而直接向每个个体的灵魂言说，讲述那些在历史的暴力情境中以道德理性赢得自身存在之真实的人们。在这种言说面前，日常生活不再黯淡无光，即使最微小的行动也获得了意义，读、写、算不再只是技能的掌握，它们本身也是对精神生活的参与。其中的美是可把握的，每一次手的动作，每一次思维的运作，都富有意义。

然而，在只有计划和知识而缺乏全面引导的情况下，教育就成了将人训练为工具的活动，人的成长的可能性于是堕落为一团纯粹的生命能量，一种难以实现自身真正价值的生命过程。（PuW 28–38）

四、计划与责任

所有的计划及其实行都在人自身所给定的自由中划定了界限，也就是说，人所能达到的境界在本质上是不可计划的。它令人惊异地、纯粹地、动人心魄地来自未来；它超越于并先于一切自我满足的技术。（UZG 233）

在可预测性与奇迹之间，人们需要在超越性面前承担起行动的责任。（AZM 488 f.）

第五章　在过去、现在与未来的张力之中的教育

一、没有命运的此在——时间性的自我存在

作为此在（Dasein）的生命，即由不断逝去的瞬间延续而成直至其终点的生活，并不拥有命运；时间对于它而言不过是一个序列，回忆无足轻重，将来尚未来临，而当下是此在片刻的欢愉与纷扰。人们通过某种联系来赢得自身的命运。这联系并非某种不可避免的、在人无能为力之时出现在他面前的陌异之物；而是被他牢牢把握住，从而成为他的本己之物的联系。这种联系将他的生活贯通起来，于是，他的生活便不会任意消散，而是成为他可能实存的现实。如此，回忆便向其揭示生活不可磨灭的基础，将来则向他展示出当下行为责任后果的空间。生命因此而变得整全。它有它的年岁、它的自我实现、它的成熟、它的责任和它的可能性。作为生命的自我存在渴望整全，而唯有适合于它的联结，才会使它臻于整全。（GSZ 186 f.）

二、传统与乌托邦的机遇与危机

传统总是潜移默化地滋养着年轻一代，自其孩提时代起便是如此；年轻一代通过一种与历史及往昔伟大人物形象的内在联系而意识到传统。历史作为已知的、被把握的过去，成为当下的事实内容，而当下唯有在与过去的连续性中才能创造出将来以及人类此在的客体性。若非如此，人便无法意识到自我。（Ph 634）

我们如何带着历史生活？——我们时代的历史知识以及从最大范围内获取信息的可能性是以往任何时代无法想象的。只要人们的所思所为能够自我传达，并以文本的形式保留下来，它们就能被我们理解，就能从遗忘中恢复并发挥其作用。我们以历史的眼光看待自我与世界观的多样性，看待人们意图从中把握自身的自明性。

现代人将精神历史的所有可能性据为己有，拥有前所未有的行使自主权的机会。历史上曾被人们接受的诸种观念对于现代人而言都触手可及，因此人们能够更轻易地获得自由而真实的知识。

但这种解放的意义仍然暧昧不明。与历史打交道，将一切交付于它的真理，带着无斗争的欣赏眼光观照历史，并为人类和个人寻找聚集了所有内涵的完整真理，这在存在的意义上是不可能的。所谓的文化综合，或是不承担义务的美学观念，或是促进文明的技术的联合体，抑或只是某种普遍性的抽象化，它只会在对表面现象的自我满足中导致平均主义。

与历史的存在主义交往使斗争持续下去，通过历史之镜使斗争在自身当下的意识中不断加剧。不过，它也使人意识到新的事物，对此，历史之镜不再能发挥作用。它使人感到，在当下的精神条件和物质性的生存条件下，需要使永恒的生存扎根于新的现象中。（PGO 467）

尽管我们根本上生活在我们所来自的历史传统与我们意欲服务的将来之中，但若只是纯粹地坚持和重复过去，或是在对过去的单纯认知和对将来的单纯服务中将当下让渡给过去和将来，人便仍然不是本真的自我。一个人的行为与存在，并不仅仅因为被铭记或是将要获得声名而具有价值。服务、给予和回忆连同它们产生的作用，本身不过是表象，尽管可能是真实的，但并不是最终的根基。

所有显现的事物，人们所了解和意欲的一切，过去与将来，都将作为一种永恒的语言，成为历史性的当下的参照维度。所有这一切都如其所是地属于当下自身。（W 173）

三、丧失当下 vs 把握当下

我的虚无意识常常想脱离当下，去过一种与不在场的他者、与过去和未来相关的生活：本真性的存在是属于过去的，已经逝去。当下的生活缺乏本真性存在。唯有通过回忆，当下的生活才有了存在的余痕。回忆是本质性的，它在当下仍然具有可能性。但是，我唯有亲身存在于当下，才能理解过去，并将其据为己有。必须身处当下，才能如其所是地看待过去。而最终，过去也将消失于当下之中。

真正的存在是将来。当下的生活唯有服务于将来，才能获得自身的意义。将来赋予我一种自我意识，即我未曾是，却将要成为什么样的人，以及我为何而生活。但是，事实上，这种目的性永不存在。我活在对将来的幻想中，而这一将来在日后又会成为另一个为将来而活的当下，直至在万物的静默中，一切随着人类世界走向没落而被撕碎。

与以上两种道路相对的是把握当下，唯有在当下之中，永恒与存在自身才会敞开。Carpe diem 并不意味着即刻的肆意享受，而是对当下敞开，那是我们存在的唯一方式。

过去和将来都蕴含在当下之中。我要达到过去的深度，就必须传承历史，学会如何记忆。我向往真实、美好的生活。我在当下之中寻求与过去和将来的交流。对共同体的向往，对我所接受的和愿意提供的帮助的认知，促使我在当下之中走向过去和将来，而又不会脱离当下。(W 173 f.)

四、责任与当下性

因此，我们应持这样的态度：不能沉溺于过去或是将来。生活在当下意义重大：在对已获知的真理的组织中，使道路敞开，并始终坚持这一道路。（W 25）

生活在当下，不要在过去和将来中迷失。倘若过去和将来都无益于当下，那么它们便是毁掉了当下。（PGO 428）

我们不应被或乐观或悲观的未来图景引入歧途，而应清楚地意识到我们的责任。这一责任渗透于日常生活，存在于我们的冲动和情感中，存在于我们的生活方式中，存在于我们与或远或近的他人的相处中，存在于大大小小的抉择中。这些抉择并不仅仅是为了我们自身，同时也是为了事物自身的发展。同样，这一责任还存在于我们对人类的想象、对文化符码的再现中，存在于人们所遵循的准则、所指向的最终目标之中。在其中，我们践行着我们对其负有责任的自由。（PGO 470）

第六章　依存于整体的教育

教育学领域与政治领域中的情形并没有什么不同。教育依存于精神世界的本源性生活。教育不可能以自身作为源泉；它服务于精神生活的传承，这种生活直接体现在人们的行为举止中。对于此在操心的现实、对于国家，教育自觉采取了一种立场，并在创造性的精神作品中高扬。在我们的时代里，精神命运必须决定这种尚具可能性的教育的内涵。

如果这样的灵魂在国家和教育中销声匿迹，如果国家和教育缺乏历史连续性中的决断意志，如果灵魂与意志都陷入了理性计划和非理性暴力手段的混淆之中，那么，这就表明那个超越一切的作用已经消失，或者至少是暂时噤声了。但是，如果这种作用能使人对理解和意义有所意识，那么，它的存在就会在现存世界秩序之不完善与不可解中显现出来。

从国家和教育跃升至精神、人类存在与超越性的整体，并不是要进入一种包罗世间万象的现实，而是要进入另一种更高的存在性现实，这一现实在实际显现中并不独立存在，却以关键的原初性决定了显现为事实的事物之进程。（GSZ 110 f.）

一、社会历史性转变中的教育

正如所有传统都是由社会组织的特殊结构决定的，有意识的教育同样依赖于此。教育随着人类历史生活形态的改变而发生转变。（Idee II, 47）

教育往往取决于特定的社会结构形式。教育的同一性是由社会的同一性赋予的，比如教会、阶层和民族。通过教育，特定的社会构成经由一代代人的传承而得以保留。因此，社会发生变革之际，也就是教育发生转型之时，甚至社会变革的意图往往最初都表现为教育议题。因此，对教育的思考必然延伸至对国家和社会问题的考察，诸如柏拉图的"理想国"这类社会构想就将政治和教育的组织视为一体双生的。教育将个体塑造为整体的一员，而整体则是实现个人教育的途径。

历史变幻万千。社会需求决定课程所要传授的内容：神学知识是为准备从事神职的人讲授的，而语言知识技巧的传授则是人文主义教育所必需的。如今，人们则将社会学、经济学、技术、自然科学和地理学知识提升到了最重要的地位。教育随着教育理念而转变。过去有等级学校、骑士学校、贵族和显贵市民的私立学校。而所有民主政体都应有机会均等的共同教育，因为只有平等的教育才能为人们创造一个共同的基础。（Idee III, 83 f.）

二、教育的实质

一切有意识的教育都以自身的实质为前提。教育须有信仰，没有信仰的教育不过是纯粹的教学技术。应当认清教育的实质与意志，若非如此，便无法找到教育的宗旨。因此，我们时常听到的一些教育口号并没有把握住教育的真正实质，诸如学习一技之长、强健体魄、获得国际视野、陶冶性情、确立民族意识、培养勇气与自立、提升表达能力、塑造个性、创造共同的文化意识，等等。（Idee III, 86; ähnl. II, 49 f.）

如果整体的实质毫无遮蔽地呈现于当下，那么教育就拥有了稳定的形式与自明的内涵。这意味着以严肃的态度将年轻一代带入整体精神中，让他们在其中生活、工作和交往。教师个人的成就几乎不被注意。他全心投入，为人之成人这一恒久持续的生命之流服务。

没有虔敬之心，教育就不可能发生，其结果在最好的情形下也只是使学生卖力地学习。虔敬之心是一切教育的实质。若没有对绝对事物的热情，人就无法生存，一切也都将失去意义。

绝对的事物可以是人所共有的，比如阶层、国家，或是教会形式的宗教；也可以是个人性质的，比如真实、自立、责任和自由；当然，也可以是两者的结合。（Idee II, 49）

三、教育的危机

当教育的实质发生问题、教育的信仰开始动摇时，人们就会有意识地追问教育的目标。（Idee II, 49）

当教育的实质发生问题时，教育就会变得形式化。身居高位者处心积虑地维持学生对他的敬畏：对学生有所保留，或是树立个人权威要求学生盲从。教育赖以安身立命的那些工作成了空洞的"履行义务"。追求卓越的竞技（Agon）为千方百计求得他人承认的虚荣心所取代。接受教育，本是为了逐渐进入实质性的整体，如今却成了仅仅学习一些可能有用的事物而已。教育本以理想为旨归，如今却只是教授一些现学现卖的知识。（Idee III, 85; ähnl. II, 49）

如果人们对日益严峻的教育之实质问题视而不见，那么教育就会缺乏保障，变得支离破碎。它不再引导孩子们领略包括一切整体的崇高，而只是教给他们纷杂的知识。

一种不安正笼罩着世界；人们在茫然之余都感到，一切将取决于下一代了。人们知道，教育决定着未来的人类存在；教育的衰落就意味着人类的衰落。当历史流传下来的实质在那些成熟且应肩负起责任的人心中粉碎之际，便是教育衰落的开始。关心教育之实质的人逐渐意识到它已处于完全失落的危险之中。那些主张复古的人，把他们自己都已将信将疑的事物作为绝对的东西灌输给儿童。另一些人则鄙夷这一历史传统，把教育当作完全与时代无关的事业，仿佛教育只包括技能训练、实用知识，以及给予孩子足以使他对当今世界产生一种见解的信息。

当下的教育已呈现如下危机征兆：缺乏统一观念的高强度教学、层出不穷的文章书籍、不断翻新的教学技巧。教师个人对教育付出的心血是前所未有的，但因为缺乏整体的支撑，却显得贫弱无力。而且，我们的状况所独有的特征似乎是：放弃实质性的教育，却没完没了地从事教学试验，在这种教育的解体中形成了种种无关宏旨的可能性，这是一种以不真实的直接性呈现不可言说之物的企图。一种尝试迅速替代另一种尝试，教育的内容、目标与方法不断更换。仿佛人类千辛万苦争取到的自由正退化为一种空洞无物的自由。这是一个对自身没有信心的时代，它焦虑地关注教育，仿佛能再次从虚无中创造出什么似的。

年轻人的角色最能反映这一问题。假如教育的实质在于整体精神，那么年轻人便仍是稍显稚嫩的。他们表现得尊重、服从和信任成年人，并不凭借年轻而自以为是。因为青春仅仅是准备性的，仅仅是走向某种未来可能性的使命。但是，当种种事物处于瓦解状态时，青春就获得了自身的价值。人们期待从年轻人身上重新找回世界已失落的东西。人们认为青春有权将自身视为一种创造的源泉。我们的孩子已经拥有了对学校规章制度的发言权。年轻人仿佛想要依靠自己的力量创造那些教师不再拥有的权利。正如国家的债务需要下一代来偿还，他们也将承担我们肆意挥霍精神财富的后果。青春被赋予了一种虚构的优越性，然而他们注定会失败，因为一个人必须沿循一步步严格的培养，历经数十年的成长，才能真正成人。（GSZ 101 ff.）

四、代际差异的模糊

一旦成为纯粹的功能，此在就失去了其历史性特征；以致不同年龄的差别也被抹平了。生命力最旺盛、最富浪漫色彩的青年时代是人们最向往的生命形态。若仅仅看重人的功能，他就必须保持年轻；倘若一个人青春不再，他也要努力使自己显得年轻。此外，还有一些基本的理由使年龄不再重要：个人的生命只是一个个瞬间的体验，它在时间中的延续不过是一种偶然，并没有作为生物学诸过程基础上的、不可逆转的决定而被记忆和珍惜。倘若真的超越生死而不再有年龄，那么他将永远既在开端又在终点：他可以做这件事，也可以做那件事，一会儿这样，一会儿那样；仿佛随时都可以做一切事，但又没有一件事是真实的。个人不过是百万人之中的一员，那么为什么要为自己的行动赋予重量呢？任何事物都瞬间发生，又很快被遗忘。因而人们的行为举止不分年龄都是相同的。儿童从小就想像成人一样，按照自己的意愿行事。他们对那些装作年轻的成年人没有敬畏之心，因为这些成年人并不像他们应该做的那样与年轻人保持某种距离，为他们树立某种榜样，反而放任自流。这种生活方式对于年轻人也许合适，但对于他们来说却有失尊严。真正的年轻人渴望保持独特性，而不是毫无界限地混迹于年长者之中。年长者则需要庄重与成熟，以及自身命运的实现与连续性。(GSZ 44 f.)

如果人们被迫只顾眼前目标，他们就失去了观望生命整体的空间。(GSZ 46)

第七章　教育的意义与任务

一、对教育的误解

在对民主观念的忽视中，人们忘却了何为教育。自上个世纪起，教育便与学科知识的传授分道而行。人们所理解的教育，只是将青年人培养成有用之才。一旦一门学科有利于经济，它便为自己赢得了身价。为了获利，人们竞相追逐，在校园里推广自己的学说。研究者与教师也由此心安理得地提出对物质的需求。如果一门学科事关国家存亡，它便被认为是具有至高无上的功用。自现代技术发明之初，直至核武器时代，一直如此。如今，美国已敏锐地意识到苏联（在恐惧中）表现出来的（夸大的）优越性。因此，科学以及对（不计其数的）科学人才的培养变得至关重要，人们愿意为此投入大量人力物力。如今最显赫的是原子物理学家，尤其是在苏联，他们如愿享受着物质的富足，过着比其他人更加无忧的生活，至少表面看来如此。

当下这个注重科学人才培养的关键时刻也为我们提出了一

项需要高度重视的任务。我们为科学人才的匮乏而感到不安，由此带来的后果尚不明晰。如今，大量资源被投入以科技、经济和军事为目的的"教育"。然而无论在苏联还是西方，对这类科学的价值评价无关其精神内涵。它只关乎技术。而技术只是头脑的一种特殊能力。如此培养出来的科技人员只是服务于特定目的的、训练有素的工人。他们并没有受到真正的教育。知识技能方面的训练、专业素养的提升仍然谈不上是性情的陶冶，甚至谈不上是学科思维方式的训练、理性的培养、精神生活的涵育，以及对于在任何时代都有所创新的人类历史传统的参与。（AZM 445 f.）

二、本真的教育与回归

另一种教育是本真的教育，它肩负着更伟大的使命。这种教育的延续将为控制技术、经济和军事带来的危害奠定基础。我们要从源头到目标对教育进行全面反思。人类的未来，取决于本真的教育能否实现。只强调在自然科学之外推广人文科学，是远远不够的。引入教学技术、心理学教学法和教学论，也是不够的。教育革新的先决条件是提升教育与大、中、小学教师的地位，通过教师的行为内涵，通过教育与伟大事物的关联，以及教师在民众之中严肃的生活，来为教育赢得声望和影响力。这就需要一笔超出目前教育经费数倍的资金。然而教育革新无法仅凭金钱实现。唯有人的回归才能实现真正的教育革新。（AZM 446）

三、现存的三种基本思想

至此，我们尚无法发展出关于教育的最根本思想。在此先提出三个尤其与民主相关的观点。

1. 自由能在民主制下发挥力量，是因为人的地位受到了尊重。比如，有为智力缺陷人士设置的辅导班与特殊教育，但没有为天赋极高者设置的天才班与天才教育。当大多数人反对天才应当享有的权利时，民主同样会面临危机。倘若民主不允许最优秀的人在所有事务和生活领域以及人类潜能中展现才华和发挥作用，那么民主在整个生活中的活力便会减弱，走上自掘坟墓之路。（这里我们不再谈论学校免不了采用的择优录取法，它带来了诸多弊端，且常常被误用，导致不公正。持续的自我批评和改进同样重要，因为每种人为制订的措施都有诸多缺陷。）

2. 对青年的教育内容包括：使他们接受古典与《圣经》传统的熏陶，掌握自然科学与技术的基本知识，体认民主社会的精神，同时也让他们对另一种绝对专制的体制有所了解。在民主国家中，自由的力量取决于对专制的本质的洞察，因为它是技术时代可能出现的新型统治原则。这一新型原则在其尚未实现之时，便会像病毒一样蔓延至每一个人的精神中。由于人类本性自身，感染性物质无处不在，若不能保持清醒的认识，理性的免疫力也无法绝对可靠。唯有凭借自由的信念与合理的生活实践，才能战胜这种疾病。不应要求学生在缺乏足够的认知时就反对各种专制思想。教师必须在自由讨论的氛围中言说和作答，并允许学生持反对观点。用强制措施诸如追捕、审问、思想压力来直接压制专制思想，反而会促使其生长。因为当人们以这些手段斗争时，他们自身便成了他们意图反对的专制精神的代表。

3. 当真正的教育（不同于专业训练）发展到一定阶段时，它甚至对技术本身也具有深远的意义。纯粹的专业技术训练将人塑造成最有用的工具，但未必能培养人的自然科学素养。自然科学对一切自然的现实与知识的可能性敞开，无论其技术实用性如何，人类的原初求知欲都会推动知识的持续进步，没有这种知识的进步，就不会有新发现，或是至多只是在已有成果的基础上进行一定的技术发明，但不久之后便停滞不前。

以民主的观念来看，政治本身就是教育。但与过去仅限于特权阶层的政治与教育（柏拉图的伟大构想）不同，它是全民的教育。教育是政治可能性的基础，反之亦然，理性的政治以超政治的眼光塑造了教育。其结果可呈现于每一个人身上。政治以公开的方式进入每个人的私人领域。

政治的现实主义者对此持不同见解，他们认为：政治并非教育，而是少数人的专职，这些人的私人生活如何并不重要，而民众的私人生活也与政治无关。政治是一项公共事务。私人领域的伦理道德无益于政治。政治也不是沉默的民众所造就的。因此，要说政治依赖于每个人的理性，纯属空想。

然而，这种"现实主义"是多么不切实际！只要政治不是一时的巧技，而是意图建立于牢固的基础并持久地发挥效力，那么它就必须是对全民的教育。政治的存亡取决于民心的向背，后者在选举中得以公开呈现。沉默的民众是道义的担当者，一切政治均与其相关。沉默的民众通过教育——首先是家庭教育，进而是学校教育——而获得自身的存在。若是缺失了道义的层面，所有人都将被实用政治带入深渊。（AZM 446 ff.）

四、教育的意义

人之成为人，不只凭借生物遗传，更多的是因为历史的传承。这种在每个人身上重演的过程便是教育。在个人成长的历史世界里，通过父母和学校有计划的教育，通过自由地利用学习机构，最后，在漫长的一生中，通过将亲历、亲闻的一切，与内心活动相结合，教养成了他的第二天性。

教育使个人通过其自身的存在而进入对整体的认识。个人不再固守一隅，他进入了世界，于是，他狭隘的此在通过与所有人的生活发生联系而获得了活力。当一个人与更敞亮、丰盈的世界结合时，他便能更坚定地成为自己。（GSZ 100f.）

五、教育的使命和民族的未来

一个民族的未来，取决于家庭教育、学校教育和自我教育。一个民族培养了什么样的教师，如何尊重教师，以及在何种氛围中以何种尺度和自明性生活，都将决定这个民族的命运。在此，让我提出几个与政治息息相关的观点。

人们呼吁：要关心青年的教育！政治家们希望年轻人参与政治。人们为学校投入了大量资金，但仍嫌不够。

大、中、小学教师的义务是为传承中的世界赋予秩序和形式，使之能引起学生的兴趣，充实他们的精神，塑造他们的人格。这样，纪律性的工作才富有意义，不至于成为学生的负担。这些记载在书本中并在实践中实现的精神成长，比其他一切物质成就都更为重要。我们有优秀的数学、语法、自然科学教科书，但历史教材却仍显不足。我们也缺少契合时代的哲学书，即关乎整体的精神与道德教育方面的书籍。

教学和教育的精神至关重要。我们必须关注本质而少管一些细枝末节。

1. 科学与教育 在谈论教育的危机与科学的扩张时，必须做如下区分：为适应今日整体科技生活的科学教育，不同于引导和丰富人生的教育。科学是专业化的，它教授学生专门的技能。科学在公民生存中不可或缺。通过科学教育，学生将成为训练有素的职业人。专业知识和技能使人成为某一有限领域的专家。这些能力是生存所必需。科学的发展是技术进步的前提，也是未来经济的基础。在人类塑造和展现现实的宏伟进程中，人们对物质有了前所未有的掌控，并从纯粹劳动的负担中解放了出来。因此，掌握技能成为必要。

与此相反，教育乃是属于人之为人，属于所有人的事业（今日之教育不再作为特定阶层的教育，而是作为全民教育发挥作用）。推广教育的前提是民众有好学的意愿。

2. 自由与权威 教育不是严加管束，而是使人在自由中成为自己。教育诉诸自由，而非人类学的自然事实。它凭借那些在自由中成为自身的东西来实现。当教育成为权威时，它就失效了。

因此，应当尽早让孩子拥有自由，使他们从自己的认知出发来学习，而不是一味服从。应当允许他们轻视徒有其表的教师。他们会心甘情愿地尊重能令他们学有所获的教师，敬爱那些德高望重而不滥用权威的教师。假如学校里弥漫着权威的氛围，学生却不懂得反抗，那么权威将深深渗入他们稚嫩可塑的本性中，几乎不再能改变。这些学生将来只会在服从与固执中麻木地生活，而不懂得何为自由。

3. **教与学**　有必要针对不良的倾向、直接的快感和精神的涣散制订严格的工作纪律。纪律是制约专横任性这种虚假自由的要素。教育的日常化需要不断的操练，否则它便会流于空谈和欺骗。纪律是教育这一伟大事业得以实现和发挥效力的前提。纪律对于掌握专业知识和技能而言不可或缺，对于教养的习得同样如此。

4. **内容**　我们之所以成为人，是因为我们有所敬畏，并让精神内涵充盈我们的想象、思想与活力的空间。精神内涵以其特有的方式，通过诗歌和艺术作品渗入心灵。西方人应当熟知希腊、罗马世界与《圣经》。尤其在今天，我们能以低廉的价格获得比以往任何时代都更好的译本，即使不懂古代语言，我们也能接触到古典传统。透过古代世界纯朴而深邃的伟大，我们仿佛进入了一个全新的生命维度，从中感知到了人的高贵，并获得了诸种准则。不了解古代世界的人是尚未觉醒的，他停留在野蛮状态。一个人自其孩提时代起，通过学习吸收传统内涵，即使没有加以反思，这种内涵对他来说也是触手可及的，将塑造他的整个生命。如果忽视了对孩子的这类教育，将来就很难再弥补了。

5. 历史 是不可或缺的教育的因素。它以自身的起源，以人民和人类的生活为其家园。我们能理解人类曾经做过、经历过、亲见过和创造过的事物。不过，这些理解也会走入歧途，它们也可能对政治式的思考产生至关重要的决定作用。

人们意图在事物的进程中把握必然性。黑格尔、马克思、斯宾格勒，以及当下广为流传的种种说法，正以令人迷惑的方式引诱着人们。其显而易见的欺骗性在于，事物之间可理解的关联被视同因果必然性。这种因果性不过是唯心主义的构建，它始终面临一个问题：自明的可理解性在多大程度上合乎事实？我们所能指出的历史因果性都是个别的、多元的，从来不存在整体的事件发生的必然性。人们忘记了那无法事先预料也无法事后把握的偶然性。历史中突破性的发明也不再使人惊讶。那些与人类同时起源、由人类创造的象征符号、神秘体验和道德经验，以及上帝观念与神圣秩序，早在公元前3、4世纪高级文化发端时，便奇迹般地涌现，并很快达到巅峰。这一切无法以必然性来理解，而是我们对未来的憧憬的基础。

对可辨识的必然性的意识或是使人消极怠惰，因为人无法改变这种必然性；或是带来一种虚幻的主动性，意图与认知对象的必然的进程合一。为了虚幻的梦想，人们不顾事实，孤注一掷，因为他们相信，把握住了历史的必然性便能赢得一切。

历史理解的另一重危险，是等级秩序的丧失。因人而异的理解会使事实的本性呈现出不同的样貌。对某一历史事实的理解，与对它的存在性评价是分不开的，因此会产生一种误解，即一切"历史的"存在都是合理的。一切无可挑剔，或是好坏皆可，正如俗话所说，"理解一切就是宽恕一切"。那无止境的、渗入存在深处的、永远无法彻底完成的理解已触及了在临界地带言说的不可理解性。这并不是因为事实的本性只可辨识而不可理解，而是因为，理解始终面向存在之无限开放性。

整个人类历史或某一历史阶段的发展轮廓有其各自的意义，它们有着不同的构型，不能说哪一种构型是唯一正确的。不过，这些轮廓或多或少能带给我们概览式的一瞥。比如，在教育的本质性议题中，古典文化的巅峰时期备受推崇，然而这个例子带给我们的不是一般性教条，而是具体情境中的准则。

我们在历史中看到自己，仿佛在时间中的一个站点上，惊奇地注视着过去与可能的未来，过去越清晰，未来的可能性就越多。

6. 德国历史　在德国历经几番命运的浩劫之后，我们应当重新认识德国历史。并不是历史事实本身有所改变，而是说，我们应当重新解读这些历史。出于自我认知与政治思想上的诚实，我们需要决定历史上的事件何者重要，何者不重要。我们需要一种全新的、清晰的历史认识。

今天，我们首先需要一部西方历史范围内的德国自由史。

我们在不远的过去所经历的那段历史，似乎是一个难以解开的结。因为我们没有以真诚的态度面对它。要解开这个结，首先要有忠于事实和敢于评价的勇气。

与其说希特勒有罪，不如说是追随他的德国人有罪。（审判程序可能会认定希特勒仅具有"不完全责任能力"。因为一份精神病学报告指出了他可追溯至12岁那年的器质性疾病——伴随帕金森综合征的昏睡性脑炎。参见 Johann Rechtenwald, *Woran hat Adolf Hitler gelitten?*［《阿道夫·希特勒得了什么病？》］München und Basel 1963）

如今不再有希特勒、奥斯维辛以及类似事物的威胁。然而，德国人似乎并未完全摆脱那种可能使希特勒式统治潜滋暗长的思维方式。我们当下的社会是一个生产和消费的社会，人们普遍过得不错，不过，我们就此满足于现状了吗？我们能容忍对事实的盲目无知吗？我们就是如此沉溺于幻觉，如此不负责任，如此爱说谎吗？如果我们是这样的，那么我们将面临与希特勒时代完全不同的另一种灾难，而到那时候，我们也仍然不会觉得那是自己的责任，就像在希特勒时代以及今天仍有大部分德国人感到对希特勒的王国不负有任何责任。唯有如其所是地了解历史上所发生的事、理解历史，才能对我们的道德—政治状况有清醒的认知。最疯狂的事情仍然可能在今天发生。

历史的光芒照亮了当下，它不仅告诉我们一去不复返的往事，更指出了过去曾发生过而今仍然存在的事情。

7. **政治教育** 对正在成熟中的孩子的政治教育，已是必不可少的。必须让他们接触公众事物，了解国家的实际情况。为了能使一个即将成年的公民有能力承担起他对公众事务的个人责任，应当在中学时代就通过我们今天所说的"学生共同责任制"来锻炼他。让学生们共同完成任务，在聚会中互相讨论、提出建议，并为他们在学校中遇到的切己之事做出决定。

政治教育不能停止。一个国家的公民需要了解大量信息，并参与到政治活动中。政治教育要通过实践来完成。在最小的政治团体中共同完成的任务就是政治实践。

政治教育要求一种可实践的思维方式，一种在学习中获得的知识。空谈或是杂乱无章的讨论不是政治教育的沃土，必须有严格的连续性一以贯之。

政治教育的思维方式需要正反两方面的检验。一个开放的思考者懂得倾听对手的看法，并能协助他形成连贯而有力的思想。他们能从对方的立场出发考虑问题，审慎地悬置自己最初的立场，耐心地使所有可能性得到最大程度的发展。

在政治思想中，有三个方面尤其重要：

（1）我们首先必须承认暴力存在这一事实。暴力并不会因为我们不希望它存在而消失。这是一个残酷的、不得不面对的事实。在快乐的、和平的、个别的情境中，暴力似乎消失了，然而人们忘记了，即使是这些情境也与暴力脱不了干系，它们总有一个地方是建立在别人已完成的或是正在进行的暴力之上。不使用暴力者坐享暴力带来的成果。更何况，在和平的状况中，暴力又会以任何一种形式突然出现。暴力固然不是政治应有的目标，反之，它是一个约束性因素。恰恰是幻想并坚信绝对无暴力状况的人，有朝一日会使用暴力。

（2）断明事实并不容易。尤其是，我们需要辨明事实在何种程度上是不可避免地被给定的，在何种程度上又是可以改变的。

（3）政治的本然意义是建立并持续地巩固自由，使之能在国家体制中随意表达。在这个意义上，政治的目的是让所有人享有充分的自由。一个自由人，唯有当他感到其他人也都自由时，才会真正感觉到自由。因此，政治是民主而且自由的。我们可以说，政治是反对一味地暴力，反对权威、独裁和专制的"党派"。它知道统治是必要的，但是人统治人必须有限度，且要经由人民的委任。

暴力、现实和自由三者的聚合从不会带来持久稳定的和谐状态。政治一直处在激荡运动中。政治教育所要培养的思维方式是，在政治的激荡中体验并理解它，不否认暴力和现实，然而尽力为真正的政治，即自由的政治效力。

　　仅凭直觉赞美自由和真理是不够的。如果不在思想上透彻地理解自由和真理，就可能误入歧途。政治思想需要知识。政治教育需要研读书本。联邦德国的公民首先应该学习基本法，那是我们的自由与国家存在的基石与唯一坚固而不可侵犯的依靠。然后，我们要研读政治思想方面的主要作品，如柏拉图、亚里士多德、西塞罗、马基雅维利、霍布斯、斯宾诺莎、康德、托克维尔、马克斯·韦伯。我们要选择性地阅读。最重要的是，我们不应满足于只知条文、口号而未经深思的"博闻强记"。若没有对伟大政治思想家作品的仔细研读，我们的政治视野便是狭窄的。为了对当今的世界有全面的了解，并承认它是我们新的命运，我们必须广泛了解流传下来的政治思想，就像少数政治家思想家所做的那样。

　　在政治教育中，应当对日常问题进行讨论。书本研习正是为了理解具体的当下、直接的兴趣与激发人兴致的事物。

　　政治教育的内容也应当包括分析同时代政治家的演说和行为。应当毫无顾忌地让年轻人明白现状和正在发生的事情。尤其要唤醒他们对某些人和职位的敬重，但这种敬重不应成为神明式的崇拜。即使对最伟大的人物也要保持批判性态度，并承认每个人都是有限的。

　　最后，政治教育应该给予我们如下经验和认知，即在战争状态中，追随者是必不可少的。即使在最小的团体中，我们也能发现具有领导者天性的人、人们彼此之间的好感与相互承认。而在大团体中，在决定性的时刻，可靠的领导者、彼此之间的情感与忠诚将会决定我们的命运。唯有如此，才能形成一个既相互联系又富有创造性的持久的团体。

这种教育应当如何推行？有人可能会提出疑问：从哪儿找这样的教育者呢？这样的教育者真的存在吗？这种教育应当在什么样的共同体中实行？如何使年轻人以及毫不关心政治的人对政治产生兴趣呢？

政治教育不应由政党来主持，因为大多数情况下，政党会带有强烈的党派偏见。政治教育不应服务于某个政党，而应服务于整个国家。因此，政治教育应该在党派之外，在自由精神的引领下，通过大、中、小学来实现。总之，唯有具有自由的主动性的社团才能提供这样的教育。

我们需要一个所有公民都能参与其中的政治思想空间，使各个党派、各种世界观可以在其中相互辩论。受过教育的人的政治思想将是独立的。政党应该成为人民中的杰出者的团体，是所有渴望自由的人共同努力，使政治思考成为公众教育，并通过政党的活动使自由成为现实。政党政治家也应是受过教育且愿意不断学习的人，最终他可以无须依赖政党。除了追求理性、真理和事实，没有任何其他的"世界观"可作为准绳。（BRD 201–208）

第八章　教育的可能性与界限

一、对人的信任是基本前提

对人类和人民的信任是有意义的生活的前提条件。我们并非将信任赠予人类的现成存在，而是将其赠予人类凭借其自身可能实现的未来。我们无法证明这种信任是正确的，相反，它常常遭到反对。但不抱有信任的人至少应该实事求是，并看到另一种可能性。当不信任的情感达到极致时，人类存在便成了一个自我毁灭的进程，迟早会走向尽头。（A 128）

二、教育与自我教育的勇气

对性格和天赋的研究最为人们津津乐道，但它最终明显呈现出一种无知，因为它没有为本真的教育保留空间，对于人自身的需求也不甚明了。

1. 对于那些尚未了解自己的人来说，教育意义深远。我们早年的成长过程至关重要。天赋不可改变这一点已被证实，然而天赋不是唯一的决定因素，那些自一开始便无法忽视的可能性同样具有决定性作用，这些可能性的实现总是伴随着其他可能性的消失。家庭、学校、团体和公众的精神是通过久已形成的习俗和迫使自身接受的行为和语言等方式形成的，而语言是人们不自觉地接受的符号与词汇。若只依据表面现象来判断某个团体的成员，而忽视他们所接受的教育——这种教育已成为他们日常生活一部分——那是不公正的。应当看到一个人在接受另一种教育的情况下可能成为的样子。接受教育的勇气是建立在对潜在可能性的信任之上的。

2. 没有人能断然说出自己是谁以及自己能做到什么。他必须去尝试。严肃的个人决定应成为每个人唯一的指引，这种决定只能倾听良心的声音而不可为外界成见左右。一个人无法预先知道他通过自己的工作和内在行动能成就什么。处于这一境地的人，应当认为自己是受到了召唤，因为在任何情境下，人们都应从事与之相应的事情。身处这一情境，应当振奋精神，首先不是想到向旁人求助，而是自内心生发出一己的责任。

总而言之，人类并非动物那般无法改变的顽固族类，而是始终处于实现自身潜能的进程中。(Idee III, 131 f., ähnl. II, 96 f.)

三、超越"教育无用"或"教育全能"的愚蠢二分法

对于精神生活而言，境遇和社会状况显然具有重要意义。对潜能的治疗学运用使得教育的意义与界限这一古老的问题重新活跃起来。毋庸置疑，一个时代、一个人、一个民族的精神面貌是由教育决定的。自古以来，一直存在着两种针锋相对的观点，即"教育是万能的"和"一切都是天生的"——教育可以完全地塑造一个人，或是我们只能通过对下一代的遗传控制来塑造人。莱辛曾说："给予我们教育，那么，不用一个世纪，我们就能改变欧洲的性格。"另一方面，先天性不可改变这一观点掩盖了教育的作用。很显然，这两种观点都是错误的。诚然，教育只能发展一个人天性中的可能性，而不能改变他与生俱来的本质。然而没有人知道自己的天性中有多少沉睡的可能性。教育能唤醒人们从未意识到的东西。因此，每一种新的教育的作用也都是不可预料的。人通过传承而成为自己，而同样的天性也能在短短几个世纪里有意识地、显著地改变其外在特征，以至于似乎整个民族的性格都发生了改变，这些基本事实表明了教育的重要意义。教育的界限不可预先划定，而只能在实际中观察把握。（APs 603 f.）

第九章　教育的必要性

一、人民的安全与其道德——精神的未来

各方观点都显示，人们期望缩减联邦政府的国防力量。这对联邦共和国的命运将产生决定性的影响。

我们可以将此与另一件性质完全不同的事关联起来：将节省下来的经费用于教育——对于我们的未来而言，教育远比国防力量重要。无论如何，我们的安全仍然掌控在原子强国手中，但我们的道德—政治与精神的未来，以及我们作为一个民族在历史上的价值，则掌握在我们自己手中。因此，国家所能做的一切，以及将来仍具有重要政治意义的事情，还是教育。（A 98）

二、民主、自由与理性给予的保障

正如理性在个体持续的运动中保持开放，理性生活也能在自我阐明、自我批评和自我控诉中保持开放。这是一条指向民族的自我教育的道路——后代教育的意义正在于此，它关乎每

个个体的思想方式。若要为民主确立持续的自我教育进程，没有比整个民族的青年教育更重要的了。民主、自由和理性皆有赖于这种教育而存在。唯有这种教育才能守护我们此在的历史性内涵，使之成为见证的力量，并充实我们在新的世界情境中的生活。（AZM 444）

三、超越实用性的教育

明智的政治家明白，只有精神——道德才具有长远的决定性力量。而只有在教育中，最宏伟的事业才能有组织地实现。教育不仅决定下一代的精神境界，决定在自由与专制之间的抉择——最终，一般的人类此在，也同样取决于教育。

我们不应混淆以掌握技能为目的的训练与唤醒真正人性的工作。两者都是必不可少的，但是，技能训练必须始终在人的指引下进行，或者说，应该重新回到人的掌控之中。

武器装备的优劣对于军事具有决定性作用。因此，当美国人发现苏联在某些方面远远赶超他们时，一度惊慌失措。他们发现苏联不仅在技术研究中投入了无尽的资源，聚集诸多优秀人才共同工作，让研究人员享有最优厚的待遇和特权，更重要的是，他们十分注重培养后继人才开阔的视野，这是西方年轻科学家和技术人员难以企及的。十月革命胜利之后，苏联政府将沙皇时代的大群文盲转变成了普遍受过教育的文化人，这一举动影响深远。相形之下，西方的教育显然没有得到足够的重视。在德国，教育经费与其他经费相比少得可怜。事关重大的教育事业落入了党派和信仰人士手中，而这些人通常只具备专门知识。教师职业失去了吸引力。最具天赋和独立精神的人已对今日的教师职业失去兴趣。我们仍然缺乏一股振兴教育的动力，这种动力与思想的转变密切相关。美国学校的教育体系已被杜威误人子弟的基本原则弄得一团糟。孩子们开始为自己学得太少而愤怒，大学则抱怨他们受到的预备教育太差。但最可怕的是——就像在德国的情形——并不是基础教育不够，而是在技术和工业方面没有培养出足够的、高质量的后继之辈。

这是对未来造成影响的开端。国家领导人在这方面的失败不会立刻显现，只是在若干年以后，当那些有责任心的人早已被取代，这些失败才会突然暴露出来。政治家无心关注教育，他们关心的无非是他们日复一日的工作以及与下次选举有关的事务。但是，忽视教育对于遥远的未来所构成的威胁比任何其他因素都要大。

技术与经济生产力方面的竞争并非无关紧要。但是，若我们想要振兴，就必须让教育的实质超越实用的技术教育与宗教的限制。美国有十分出色的私立学校，且处处能发现极高的教学成就；德国则有非常优秀的教师，无论客观条件如何，他们都能尽个人所能将教育工作做到最好。但至今尚未形成一股推动教育改革的力量。唯有当明智的政治家能发挥其教育家的本性，聚集其精神力量和教育方面的天赋来行动，甘愿付出数倍于当前的财力，我们才有可能依靠下一代来复兴教育，也才有可能及时为濒临深渊的未来奠定基础。没有伟大、明智的政治家，便不可能实现这一目标。这些政治家肩负着民众的意志，使其变得明晰，他们将那些无法如经济奇迹般即刻可见、但能够逐渐改变人们自身的事物带入民众的视野之中。这是一个需要时间的过程，但在某些地方已经清晰可见。

　　技术讲求经济生产力和军事力量，精神则着意于人的转变。前者只能制造武器装备，不幸地使人功能化，并导致其毁灭。后者则能使人发生转变，成为真正的人，拯救我们的存在，当经济生产力和制造武器的技术被交付给他们时，他们不会受其操控，反而能掌握它们。(AZM 337 ff.)

第十章　作为教育之源泉的真正权威

一、权威、权力与暴力的区别

权威、权力与暴力：真正的权威（Authorität）源于内在的精神力量。当内在力量终止时，外在权威也会随之消失。一旦权威受到威胁，它便会采取暴力（Gewalt）。

权威的内涵远远超出人们所知所想。它意图把握的不是个别，而是全体。权威在历史上以特定的表现形式言说。它延伸至专断与服从的领域，即使惯于发号施令者也感到必须服从权威。权威约束着内在自由的、迎着它成长的人类行为。

不过，权威需要借助暴力来维系自身，这种暴力或是内在的，即对灵魂施加的压力，或是外在的、生理上的强迫。如果没有与暴力的联姻，权威只会围绕着少数杰出者。如果一切都在其此在的连续性中（而不只是在某些转瞬即逝的时刻）被把握，那么权威也应当成为一种强制手段。

因此，自我宣称的权威是意愿与强制力（Zwang）的结合体。自由的意愿自知其内在地维系于不成文的法规、精神构造中的真理形式，以及人们普遍敬畏的秩序、职责与形式。强制力则沉默地在幕后控制着一切，在临界情况下，它混杂着暴力。由于这种从属于权威的自由，权威之中始终蕴含着张力。具体的行动，即便是追求自由的意义，事实上也都遵循着权威。

支配暴力的权威与权力（Macht）的一体性，是一个与民众生活息息相关的问题。权威的内涵赋予民众社会等级，而权力则保障他们生活的维续。

权威是在历史中逐渐获得的。权威无法刻意创造，它源于传统的深处并在传统中自我更新。

在纯粹观念的意义上，权威是个人拥有的一种力量，但仅凭这种权威，个人还无法进入一切人的共同体；一个人若是刻意保持自己的权威，他便会失去权威。纯粹的权力是专制，它剥夺了权威的内涵，因此无法在人民内心的法则之下久存。权威与权力的分离，会使两者都走向毁灭。（PGO 88.）［参见 *Authorität und Freiheit*《权威与自由》, S.330 ff.］

二、权威的必要性与历史性

确立权威的原则至关重要，它在一切时代都行之有效，呈现为各种各样的形式：或是运动中的瞬间，或是绝对持存的标准；或是活跃的情感，或是传统的习惯；或是精神的力量，或是以暴力做决定并强制实行的机关；或是教会的神秘，或是世界帝国；或是信仰世界的教条，或是存在秩序的合法性原则。种种权威在历史中学会了彼此较量，而这种较量最常发生在基督教国家中。人们已经看到，为信仰而战的人们是如何地难以相互对话。

假如没有权威，共同体生活、团结一致的精神、国民教育、军事秩序，以及国家和法律的效力也就不可能存在。权威必不可少。权威的失落会导致人类及其古老的秩序在虚无的恐怖威胁下变得一文不值。不过，权威也是可以被打破的，但只有那些足够成熟的、能使历史的内涵发挥效力的人才可以打破权威。腐败的权威带来动荡，而在这种混乱中建立新权威的尝试鲜有能成功的。(GP 376 f.)

任何时候，人都只能生活在权威之下。谁若拒绝接受这一点，便只会沦为更外在的暴力的受害者。认为人能摆脱一切权威，这一幻觉不过使人陷入更荒谬、更致命的顺服。要求每个人都能拥有完全自由的观点是十分愚蠢的，它只会导致完全的屈从。人们只拥有选择认同何种权威的自由，即何种内涵能够成为他生活的理由。人们无法置身事外地看待所有的权威。置身事外，实际上意味着立足于虚无而盲目无知。然而，对权威的选择并非有意为之，我只是通过对我实际生活于其中的权威的意识与提纯，通过将被遮蔽的权威唤醒，通过回忆起我的存在之基础而体认权威。如果我已确认何物对我具有绝对价值，我就不再可能对我之为我的基础做足够深入的探索。（GP 749 f）

人无法孤立地生活于世上。但在团体中，必定会有一个维系整个团体的、为众人所公认的权威。个人会不知不觉地追随这个权威，同时并不感到不自由。事实上，每个团体都有人们未曾思考却普遍认同的标准，主观感受与团体的基石都建立在内聚力与此在的秩序之上。

这种权威在中国、印度、古代社会与西方的中世纪时期曾是生活中的现实。它作为一个持存的世界、作为人们长久栖身其中的港湾而出现在人们面前。观念、象征、行为、习惯解释了一切，并将一切合理化。毋庸置疑，人们不加质疑便参与到共同体的生活中去了。（PGO 64f.）

过去已变得神秘幽邃，在当下的礼仪、习俗、说话方式和各种组织中仍能窥见它的身影。革命可能爆发，权威可能受到威胁，但这一切始终发生在世界整体那恒久持存的、不可动摇的权威中。（PGO 65）

人类的生活就发生在这包罗万象、林林总总的权威中，它就像每个人呼吸所需的空气。（PGO 65）

三、权威的危机与变革

这种衰落有精神上的原因。权威过去曾是通过信任而实现的互相联结的形式，它为不可知性设立规范，它使个人与存在意识相连。在19世纪，这一形式最终在批判的火焰中被焚为灰烬。其结果，一方面是现代生活变得玩世不恭，人们以无所谓的轻蔑的态度看待种种粗鄙和琐屑的现象——这类现象无处不在，无论是在重大的事务中，还是在细小的事情中。另一方面，恪尽职守的精神与自我牺牲的忠诚都已消失。苍白的人文主义已不再有人性的内涵，它只是为最可怜、最偶然的事情辩护。科学的祛魅使我们认识到这是一个"上帝已死"的世界，任何无条件的自由律都已退出舞台，余下的只是秩序、共同参与和不干扰。我们的意志已不可能重建任何真正的权威，因为这种努力只会导致暴力统治。只有从新的起点开始，才可能形成真正有力量的事物。批判无疑是向着更好的境况转变的先决条件，但批判本身并不创造任何事物。在过去，批判曾是再生的力量，但如今这种力量已经消亡而走向了自身的反面，由此带来了为所欲为所导致的无根性。批判的意义不再是按照正确的准则做出判断和指导，这原是它真正的任务，即评价事实和指出事物真实之所是。但是它现在不可能这样做，除非一种真正内涵与一个自我创造的世界的可能性能为其注入活力。（GSZ 78 f.）

技术时代，也只有技术时代才能侵扰整个权威世界。其影响之巨，堪比原始技术给"普罗米修斯时代"的初民带来的冲击。我们正处于技术时代之中。与世界上的其他地方一样，我们仍然保有古老的权威世界的遗风，它依然健壮，但正日趋衰弱，它开始对事物的进程持一种漠然的态度。几千年前的人们以惊奇与战栗的目光看待原始技术，而如今，一种根本上不同的、全新的技术已取而代之。这种新技术以自然科学为基础，它将一切事物纳入其领地，不断地更新变化，最终导致过去的权威连同它掌控下的生活一同瓦解了。

然而，根本事实没有改变：作为整体的人类需要一种引导自身的权威性的生活世界。这样的生活世界在技术世界里是否仍然可能？这个势不可挡的新世界是否与一切过去的世界都截然不同？（PGO 65 f.）

这个只能依靠技术维持的毫无生命力的权威是否会取代过去活生生的权威？那保障自由的工作世界（Arbeitswelt）是否会被一个充满暴力与恐怖的世界取代？抑或，从精神——道德的连续性与虔诚的传统中，仍能生发出一种新的、内涵丰富的权威，它将以人性的尊严指引工作世界？（PGO 69）

权力反对每一种确定无疑的权威。从历史上看，它与权威来自同样的基础。当权威变得僵化、不再由信仰生发而仅凭暴力维持时，权力就会转而反抗它。但无论何时，这种反抗的力量都源自理性，倘若它不是深蕴着理性而是违背了理性，那么它自身也会受到限制。于是，权威就会逼迫出"知性牺牲"（sacrificium intellectus）中所内含的暴力。

原初权威凭借个人对自我意志与完满大全之统一的体验来保留顺服的自由。但此后，权威在它的效力形式中固化，通过排除异己来界定自身。它在确保自身不偏离轨道的同时，也排除了新鲜的生命力。它在精神上死去了。（PGO 69 f.）

每一种权威都是传统延续的一种方式。（W 783）

四、权威与大全

权威来自外部，但它同样自内部向我说话。如果没有外在的权威，我就是自己的权威，这实际上是荒谬的；但如果没有内在的权威，我就只能服从外在的权威，而这种外在的权威对我来说纯粹是一种强制力。如果说权威来自外部，它往往发源于人们内心。（W 782）

只有当个人的权威能使大全发挥效力，甚至使惯于发号施令者也顺服时，这个人的权威才可能树立起来。（W 782）

权威出自所有大全样式的根底，因此并不缺乏孕育它的超越性，不缺乏作为其现实性的此在之权力（Daseinsmacht），不缺乏在精神上构筑它的理念，不缺乏它实现世界定位

（Weltorientierung）的知识空间，不缺乏它承担着的并在其中发现自身的生存。（W 782）

五、作为信任之源泉的权威

在对权威的保留中，哲学为包罗一切的理性之启明预留了位置。理性能够不断验证自身，它对其他一切事物敞开。权威之外没有标准可言。一切都必须纳入理性的运动中。

即使是善于思考的权威，也必定不自觉地在某方面拥有无形的优先权。哲学自身也无法理解的"哲学信念"偶尔也会以令人捉摸不透的权威面貌出现——这与它的一般形象并不矛盾，但它在一片赞成声中已然屈从于歪曲了的检验标准。权威若要站稳脚跟，避免堕落为纯粹的此在之必然性与纯粹的教育工具，它就必须始终是不可逾越的信任之源泉。（W 866）

唯有以积极的态度生活的人才能在世界上保持真诚。这种积极性在任何情境下都是通过联系而获得的。因此，如果对外在联系的反叛是纯粹否定性的，这种反叛就是不真诚的，它只会导致持久的混乱，甚至直到反叛的目的消失时还会持续下去。只有为争取生存空间而进行的自由斗争，才是真正的反叛，因为它具有为自身塑造联系的力量。（GSZ 187 f.）

敬畏的力量在对伟大历史人物的沉思中坚守着人之为人与

人之可能性的标准。它不认为它透过历史看到的事物会从这个世界上消亡。它忠实于一切作为传统而在它的自我生成中发挥过作用的东西。它理解在特定的个人那里它缘何而生。在这些人的影子中，它第一次意识到了自身。这是一种永不衰竭的虔诚的爱。回忆为它保存了在这个世界中不再具有任何实存的东西，并使之成为一种绝对的要求。（GSZ 189）

六、自由与权威的两极

在安瑟伦那里，我们能看到权威之联结与理性之自由的共存。他明白，空洞的理解力将一无所获。但他也清楚，仅有信仰是不够的："如果我们皈依于某种信仰，却不试图理解我们所信，这在我看来是一种草率的态度。"（GP 750）

自由——不同于随心所欲——只能经由权威而获得。同样，真正的权威也只有在与自由的联结中才能确立。

权威能在一种对其必然性的洞见中建立起来吗？一种理性计划的、人为的、非历史性的权威只会是一种强力。它并无内涵可言。服从一些特定的指令（这在一些共同的、有目的性的活动中是不可避免的）并不使人感到不自由；这种服从是在认定共同目标的前提下的有限度的自由。与此相反，完全的服从使人感到不自由，因为在这种服从中，人不再能成为他自己；

每一种人为的权威都要求这种完全的顺服。

随着历史性权威的式微，自由也逐渐丧失了。因为自由不是凭空产生的。无所依凭的自由是内涵空洞的，因此也无法确立自身。这种自由不过是任意妄为，从客观的心理学角度来看，它屈从于那种剥夺了它的自由之路的必然性。

自由与权威的统一是一种理想化的设想，这种统一实际上难以持续。自由与权威必然彼此分离。然后，它们互相斗争，强调彼此的独立性，但同时，它们只有在这种相互关系中才能保持各自的真实性。权威一旦变成暴力，就会与自由一同摧毁自身。自由一旦变成任意妄为，也会葬送自由本身。

权威与自由分裂的斗争不断地在历史上重演。它们之间表面上的完美统一只在历史上最辉煌的时期出现过，并且转瞬即逝。（PGO 71 f.）

可以说，一切对绝对性的追求，都使人因其对自身过于严厉而显得不自然；因为，历史上不可取代的存在之真实性总是与自我克制方面的巨大努力和强有力的意志控制联系在一起的。只有那些渴望真正的实现之可能性，并以强力自我克服的人，才能走上一条真正属于人之为人的道路。人踏上这条道路，过去是由于客观权威的强迫，如今则是清醒意识到自身责任的自我所做的自由、自觉的选择。

这种向历史性沉入的自由是无条件的。在大众的现实生活范围内，这种自由与各类精神力量的权威息息相关。自由与权威之间的张力是：其中任何一方如果没有另一方的存在，它自身也会消失——自由会变成混乱，权威会变成专制。因此，个体珍视那些它过去出于自我实现的目的而反对过的保守势力。它需要传统。对于一切精神生活来说，传统都只在权威性人物身上才得到真确的体现。(GSZ 190 f.)

为了保持自身的本色，自由需要权威。权威尽管可能被摒弃，它始终是一种必不可少的对抗性力量。自由恰恰存在于那些它自身被剥夺的地方。权威是自由的对立面，但为了避免专制和暴君的产生，双方都有联合起来的意愿。(W 807)

七、在权威中获得自由

被信任的权威是一种触及本质的真正的教育的唯一源泉。个人是在他生存的有限性中开始其生命历程的。在成长过程中，他为了汲取传统的内涵而与权威发生关联。于是，一种空间敞开了，在其中，存在从四面八方向他涌来。倘若没有这种权威，即使他掌握了知识，成为了语言和思维的主人，他仍然只是被弃置于空洞的可能性空间之中，只有虚无深深地凝视着他。

在成年以后，自我的本源开始呈现于独立思考与个人经验之中。只有当权威保持其本真时，它的内涵才是富有生命力的。当权威变成了陌生的面孔时，自由便会起身反对它。自由只应允那些成为自身而非与自身相悖的事物存在。一度通过把握权威而成为自身的自由，也可以反过来抵抗权威（在一些现象中）。个人在权威中成长并逐渐摆脱权威。由此可以想象，一个成熟的、完全独立的人，一个拥有回忆、抵抗遗忘的人，生活在最深层的本源之中，但同样能以开阔的视野积极地决定自己的行动，在促使他成长的权威的基础上忠实于自己。在他个人的发展历程中，他需要得到支持；他生活在敬畏与联系之中；在他尚未能从自身的本源出发来做决定时，他需要依靠旁人为他做出决定。在他逐渐获得自由的阶段，本源在他内心里成长为一种决定性的力量和光芒，直至他能清晰地在自身中听到真理的召唤，并在自由中把握住真理以对抗外在要求的权威。此时，自由对他而言已成为亲身体会到的真理的必然性，自由克服了任性：在他内心，权威是一种通过他的自我存在来向他言说的超越性。（ähnl. W 797 f.）

但是，人是无法达到完全的自立和绝对的自由的。每个人都多少会有失误，而无法成为一个整全的人。因为，即使是诚实正直的人，无论他能攀登到自由阶梯的哪一级，他都不可能摆脱自由与权威之间的张力，而不对其所选择的道路感到犹疑不定。自由的内涵迫切要求得到权威的肯定，或是反抗权威，在这种反抗中经受住考验，才是自由可能蕴含真理的标志，若非如此，便无法将它与任意或偶然的动机相区分。权威或是赋予自由力量，或是在反抗中给予自由以形式和支柱，并反对任意妄为。对于那些能够自我帮助的人，权威长久地驻留于世界中。

即使有不少人能在团体中获得真正的自由，绝大多数人仍会在这种自由中陷入无序状态或是此在之动机的任意妄为。因此，在一切团体的现实中，权威仍是真理形式的负载者；或者，当权威走向衰落时，它仍应能从一片混乱之中以一种命运般的形式重生。（ähnl. W 799）

在权威与自由的永恒张力中有一种不息的运动，其形象引导我们回归大全的权威。权威是真理在历史现实中的整一性的谜语。出自所有大全样式的真理与世界中的权力，以及承载着真理和权力的最高人类等级的汇聚，是真正的权威的本质。

我认识权威，是因为我成长于权威之中。我可以从中成长，却不能对其进行推论和分类；我可以历史性地研究它，却无法自外部理解它。

权威不可忽视。我不是作为整体中的一个他者而接近权威的。倘若我只是从外部窥探权威，而从未在其中生活过，我就无法看到它的内涵；我将完全不会视其为权威。

这是部分地属于我的超越性的命运：我因何种权威而成长

为自我存在；我仍需把握何种权威，或许是它的残余，以便委身于它。然而，我们无法有意识地对各种权威进行比较和检验，从中选择我认为最真实、最好的权威。实际上，当我认定其为权威时，我已经选择了它。试图以哲学的眼光在本源的连续性中寻找真正的权威，如同寻找某种目标那样，是不可能的。

或许我能从哲学上解释权威衰落的原因：当同属一个整体的部分彼此分离时；当单个的真理模式——无论是此在、确切性还是精神——自行独立并要求获得自身的权威时；当权威不再具有真理本源的生命力而成为纯粹的此在之权力时；当权威意欲成为纯粹的个人地位，却不再拥有世界中的权力，也不愿为获得这种权力牺牲或冒险时；当我放弃自我存在的自由，或是以一种似是而非的观点"自由地放弃自由"时；当我不假思索地顺服，而不是投入到权威的深层中去时，权威就会变得不真实。（EP 41–44）

马克斯·韦伯曾是权威，这种权威从未在大庭广众中宣布过，但这并不减轻责任的重负，相反，它鼓励那些在他光明俊伟的思想中得到认许的事物的发展。（PuW 310）

即使在伟大人物面前，每一个人也都应该成为他自己。权威是真实的，但不是绝对的。（PuW 389）

第十一章　教育与语言

一、通过传承语言而成为人

个人通过传承语言而成为人。唯有通过语言，精神遗产才能传递给我们。未受教育的聋哑人，只能停留在蒙昧状态。受过教育的聋哑人则证实了，可将部分语言的发声内容转换成其他感官形式。但聋哑人在思考和领会上仍然有难以克服的缺陷，而哑语的传达似乎丧失了语言创造性的精神活力。

拥有语言，可以无形中扩大个人的精神财富。俗话说：语言替我思考。因此，充分占有语言的、富有创造力的思想家和诗人的写作，对于我们精神性的完善是根本性的；而很多专家的著作或是专业知识的经典，由于语言贫乏，其教育意义大打折扣，甚至毫无教育意义。即使一个人外语不好，他仍能顺畅地阅读外文专业书或是报纸上的日常用语，然而要拓宽我们的思想领域，就必须研读富有创造性的作家呕心沥血写成的智慧之作。

一般来说，一个人要精通一门学科需要付出毕生的精力，而对语言之可能性的把握，则是通过母语实现的。所有的历史性都是存在的根基，但若缺乏开放性和接受的准备，历史性也会变得狭窄。语言中有意的排他性使语言有了限制。关于克服每一种语言固有的精神界限，查理五世曾说："我掌握了多少种语言，我就多少次地成为人。"人类存在的多样性扎根于人的历史性存在。因此，人试图理解自身，并通过与终极之"一"的交流而转变为现实的人的存在。

然而，唯有在这多样性中择其一而从之，人才能变得整全。因此，人也只能决定性地生活在一种语言中。正是由于人的历史根基，并经由它，人才能踏上通往终极之"一"的道路。（W 417 f.）

二、儿童对语言的创造性掌握

我们观察每个儿童掌握语言的过程，并将他们在三岁之前那种令人惊奇的语言能力的发展记录下来——这一自然发生的过程，同时也是对传统的历史性把握，其发生和实现的方式将决定他未来的整个生活。（W 395 f.）

我们在三岁以下的儿童身上观察到的总是神秘莫测的人之成人的过程，是人在这一阶段所独有的原初性与天赋。一个人若要在成年之后仍然拥有这一财富，他就必须保持一颗童稚之心。不过，儿童的创造力一开始便与教他母语的人有着本质关联，在相互影响和学习中，他的语言能力得到了发展。他放弃了自己独创的、经证实无用的语言，这种独创在接受了社会规范化语言的成年人看来不过是儿童一时的玩耍和戏语。语言的意义来源于传统、社会共同体以及不断重复的相互倾听和理解。人们越是清楚地认识到语言丝毫不受儿童创造的影响，就越感到语言现象的庞大坚固。因此，儿童语言发展的基本特征是创造性地把握语言，而非全新的创造。（W 444）

三、语言与事物

人们对待语言的自然态度处于"意识"与"无意识"这两个极端。在思考事物时，我信任语言，我无须思考语言本身，它已经做好了准备。黑格尔的语言具有一种天真的创造性，不矫揉造作、刻意修饰，他认为并不需要掌握一门语言哲学，语言不过是一堆具有意指功能的符号。只有当我们不刻意追求语言本身的时候，语言才是真实的。但唯有有意识或无意识地反复操练一项恒常的准则，我们的语言才会变得纯粹。最有力、最真实、最坦白的语言是当我们完全是自己并对事物投入关心时自然流露的语言。

每个人都必须掌握语言。但至关重要的是通过研习语言作品中的内容，间接地掌握语言。

事物的样貌取决于归属于它的语言表达方式。对事物的洞见愈深，语言表达的水准愈高。（W 440）

四、语言的欺骗性

言说者在语言表达中被完全歪曲。人可以借助语言而获得一个世界，但随后，语言便显现出它在人与事物之间自成一个世界的特性。人们苦心经营、意图借助语言使他人理解的内容，却成为后人口中不知其意的、可随意使用的习惯用语。那些深邃的表达也变成了实用性的语言。结果，一大堆空洞无物、歪曲原意的语言控制了人们：人们就让这样的语言操控着，忘记了周围的世界与自身。他们的教育只是为了培养语言能力，而非认识事物的能力，只教授一系列言说方式，而不注重塑造他们的性格。未经加工的、未被照亮的种种现实性被习惯用语遮蔽而无法成型。语言的欺骗性是一种虚假的生成，它使尚存的现实性不知所措地粉碎在一片喧哗之中。（W 428 f.）

第十二章　教育与文化

一、经验教育

个人通过思考实现自我教育，由此把握历史流传下来的研究成果；不应简单地将这些研究成果视为一成不变的学习对象。学习只是个人参与认知历程的一个时刻，只有在加深个人思考的本己经验中，这种认知历程才是真实的。现存世界中没有可以简单学习并轻松掌握的东西。

由于一切认知都是在经验与思考的合一中实现的，经验与思考缺一不可。认知的广度取决于经验的广度，同时也取决于对经验加以追问和深思的程度。（W 263）

新的经验唯有在原有认知的基础上才是可能的。经验作为一种观照，总是建立在已有的结构之上。对于一个完全无知的、在观照方面未受过教育的人，甚至无法向他清楚地"指出"认知对象。（W 262 f.）

学习是通往真理之途。假如真理曾在过去向人们敞开过，那么通向真理之途就是对过去的研究，但要分辨个中真伪并非易事。学习——并非纯粹的获取知识，而是内化于心的学习，才是通往真理之途。对于已存在的真理，不要死记硬背，而要使其深入内心，从而能够身体力行。（GP 159）

学习是德性的保存。孔子所理解的教育，是以学生的德性生活为前提的。年轻人应当敬爱父母兄弟，诚恳待人。品行不端的人将永远无法得"道"。当看到一个学生大模大样地坐在长辈的座位上时，孔子说："吾见其居于位也，见其与先生并行也。非求益者也，欲速成者也。"修身过程也包含技艺的学习：礼、乐、射、御、书、数。在此基础上才能开始学习读书。

有意义的学习过程是：能够意识到困难，并通过无尽的努力克服困难。好学者能日三省其身，能够温故知新，因为他以严肃的态度对待生活。求学的道路并不容易："可与共学，未可与适道；可与适道，未可与立；可与立，未可与权。"因此，年轻人在学习时要"学如不及，犹恐失之"。但是对于担心自己没有足够学习能力的学生，孔子说："力不足者，中道而废，今汝画。"过失不应成为行动的障碍："过而不改，是谓过矣。"他赞美最钟爱的学生（颜回）"不贰过"。

在谈到与学生的关系时，孔子说："不愤不启，不悱不发。举一隅不以三隅反，则不复也。"但考察方式也并不是要求即刻作答："吾与回言，终日不违，如愚。退而省其私，亦足以发。回也，不愚。"孔子不做过分的赞扬："吾之于人也，谁毁，谁誉？如有所誉者，其有所试矣。"

孔子描述自己的学说："我非生而知之者，好古，敏以求之者也。"孔子注意观察同行之人，择其善者而从之，其不善者而改之。他不是不知而作者："多闻，择其善者而从之；多见而识之，知之次也。"他的进步是与日俱增、随着年龄而长进的："吾十有五而志于学，三十而立，四十而不惑，五十而知天命，六十而耳顺，七十而从心所欲，不逾矩。"

一切学习的意义在于实践。"诵诗三百，授之以政，不达；使于四方，不能专对。虽多，亦奚以为？"

学习时，重要的是内在的养成。"小子！何莫学夫诗？诗可以兴、可以观、可以群、可以怨。迩之事父，远之事君，多识于鸟兽草木之名。""诗三百，一言以蔽之，曰：'思无邪。'"

另一方面，人若不学习，美德便会随之退化："好仁不好学，其蔽也愚；好知不好学，其蔽也荡；好信不好学，其蔽也贼；好直不好学，其蔽也绞；好勇不好学，其蔽也乱；好刚不好学，其蔽也狂。"

二、生活秩序教育

礼：礼俗可以保持秩序。引导人民的是礼俗而非知识。礼俗培养整体精神，而整体精神又转而赋予礼俗以灵魂。个人唯有通过实践社会团体的美德才能真正成为人。礼是对所有人的持久的教育。礼是生活的形式，它在生存的各个领域中营造一种恰如其分的氛围，使人以严肃的态度对待事物、彼此信任与尊重。礼以普遍性引导人，而教育使礼成为人的第二天性，如此，普遍性便被视为自我本质的一部分，而非由外在强力构成的事物。（礼这种）形式带给人坚实、稳定与自由的感觉。（GP 161）

孔子使人们意识到作为整体的礼，他对礼进行了观察、搜集和整理的工作。整个中国礼教世界呈现在眼前：行走、问候的礼仪，与人交往的分寸，以及在不同情境中具有不同的形式的礼仪；献祭、庆典的方式；生死婚丧的仪式；管理的规则；工作的节律，一天、一个季节、一个生命阶段的安排，持家之道与待客之道；为父者和司祭的责任；宫廷与官员的生活方式。纷繁复杂的中国生活秩序形式持续了数千年，深入生活的各个领域，生活于其中的人们一刻不能违背它，一刻不能损害它。

但是，孔子所谓的礼并没有绝对的性质。"兴于诗、立于礼、成于乐。"正如纯粹的知识一样，缺乏充实其中的原初性、无助于人性实现的纯粹形式是没有价值的。（GP 161）

"人而不仁，如礼何？""居上不宽，为礼不敬，临丧不哀，

吾何以观之哉！" ""吾不与祭，如不祭。"（GP 162）

三、爱作为教育的根本力量

只有现代心理学家才认为，当他们为某人做出鉴定时，就算是真正了解这个人了。一个人的本来面目，只有在爱他的人眼中才会显现出来；因为真正的爱并非盲目的，它恰恰使人的眼睛明亮。柏拉图眼中的苏格拉底，是真正的苏格拉底——根据这一理念，色诺芬以一种清晰可感的形象，栩栩如生地再现了苏格拉底。（GP 244 f.）

爱的维度——

爱将生命提升到了真正的存在的境界，它是超越了感官的直观。

爱迫不及待地要在世界、教育与人类实践中表现出来，并将其所见的本质印刻在此在之中；根据柏拉图的观点，爱是对美的见证。

为了最大程度地实现人的潜能，爱会在相同的水准上与爱相遇；爱在与爱的交往中成为自身。

爱的三个维度，即升华、实现潜能与成为自身，是其紧密相连而不可分割的部分。（W 1008 f.）

爱的施与，比如在教育中对年轻一代的爱护，并非屈身俯

就——除非你被统治的欲望迷惑了内心或是仅为图利而实施教育，它是一种自我升华。（W 1009）

爱在相互存在中实现，一个真实的自我与另一个真实的自我在彼此互爱中联系起来，这样，一切事物才能在存在的光辉中敞亮。（W 1009）

一个自我与另一个自我之间爱的沟通包括了对一切事物、对世界和对上帝的爱。随着沟通内容的增多，沟通本身也愈加进展。沟通的达成有赖于客观内容，而这些只有通过互爱的人才变得实在起来。（W 1011）

四、艺术教育

在过去的时代中，造型艺术、音乐与诗歌使人全身心地受到了震撼，正是凭借这样的艺术，人才能在其超越性中在场。假如世界破碎了，而艺术却通过对世界的变形而获得自身的形式，那么就会产生如下问题：艺术创造者去何处发现那休眠中的、唯有通过创造者才能进入意识并得到发展的本然存在呢？今天，艺术似乎被此在催迫着向前，此在不再是艺术赖以安憩或是充实其内涵的神坛了。如果说，几十年前的印象主义中尚留存着观照的安宁，自然主义至少还把当下作为艺术创作的素材，那么在今天，世界呈现为事件的川流，似乎完全不让艺术创造性的目光在其身上驻留片刻。我们已不再能感到一个可以在艺术中显现的共同的精神世界；世界变为一种强大无比的现实，它是无言的昏暗。面对这种昏暗，欢笑似乎与哭泣一样无力，反讽也变得暗哑。尝试以自然主义的方式把握这种现实，只会使自己被吞噬。描绘个人的痛苦，准确地把握当今时代的独异之处，或是在小说中陈述事实，固然是一种成就，但仍然不是艺术。今天的时代状况看来已经配不上人类的雄伟，这使得造型艺术与悲剧艺术一样失去了可能性。

今天，艺术应当像以往一样，让人们在其真正信奉的形式中感受到超越性。看来，艺术重新告诉人们上帝是什么、人自身是什么的时刻已经临近。但我们仍然必须回过头在久远的历史中去看人类的悲剧与真正的存在之光辉，并非因为过去时代拥有更好的艺术，而是因为那时的真理至今仍然适用。我们与处境相同的同时代人虽在真正追求，但我们清楚，我们尚未能透彻理解当前的世界。（GSZ 129 f.）

艺术美最终在"美是道德的象征"这一信念中获得了意义。天才典范性的创作是不可取代的，因为艺术可以拓展思维方式，通过美的形式的可传递性实现群体教育，培养超验意识，为接受道德观念做好准备。（GP 505 f.）

艺术可以使纯粹观照的内容完成为形象。艺术欣赏可以带来震颤、神驰、愉悦和慰藉，这是理性无法望其项背的。艺术作

为观照语言，带来了一种没有任何缺憾的完满。(Ph 285)

悲剧的意图更进一步，即实现灵魂的净化（Katharsis）。净化究竟是什么？这一点亚里士多德本人也没有澄清。但无论如何，它是一种与人类自身存在息息相关的本有（Ereignis）。它不只是纯粹的观看，而是在观看后受到感动，从而使自身向存在敞开，通过洗净此在经验狭隘而虚假的掩饰、阴暗和肤浅，而把握住真实。(W 923)

孔子认为礼和乐是教育最重要的因素。人们听的音乐对群体精神具有决定性影响；个人则在其中找到规范生活的动力。因此，为政者支持或禁止音乐应当遵循一定的标准："乐则韶舞，放郑声……郑声淫。"(GP 162)

"知乐，则几于知礼矣"，"大乐必易，大礼必简，乐至则无怨，礼至则不争"。但音乐与礼一样，本身并不是绝对的："人而不仁如乐何？"(GP 162)

五、宗教教育

由教会流传下来的宗教密码语言是无可替代的。礼拜的经验与教理中的思维形象是盛放超越实质的容器。儿童也应从小被带入一种他生活于其中但尚未理解的现实。图画、譬喻、气氛和庆典可以使儿童接触人类无法忆及的远古。然而，要完全

理解这些事物，即使学习一辈子也是不够的。（AZM 348）

应让儿童在潜移默化中接触古典文化与《圣经》，唯有严肃地对待它们，他长大后才能意识到，这是西方文化的基础。不要将古典文化与《圣经》作为权威灌输给儿童，而是要让他懂得倾听这些传统，并将其化入当下。（PuW 389）

学校要开设宗教课程、《圣经》史、教理和教会史等课程，让一些想象无形地融入儿童的性情中，尽管这些想象一时不会产生特别的影响，但对儿童来说，这笔精神财富将伴随他终生，使他受用无穷。（PuW 374）

第十三章　作为过程的陶冶

真理意识并不简单地现存于直接性之中。它更多地需要在时代与时代中的人身上重新培植生长。人们在后天的陶冶过程中，以传统培养真理意识，就我们的记忆可及之处，这种陶冶过程发源于古希腊，在亚洲以及史前时代那充满神秘色彩的幽暗中就已萌生，真理意识通过个人在团体中的内在行动，自世界经验中成长起来。（W 2）

我们区分大全的方式就其思想存在而言是历史性的，是西方的陶冶过程的产物：我们的祖先就是在其空间中生活和思考的。他们通过自觉的思考来把握这些大全样式。我们在这些空间中被唤醒，通过大全样式体验那尚可触及的本源。同时，通过对大全样式的思考，我们得以保存所思之物的真理性，并在"一"中将其把握。（W 125）

完满的真理从不是单纯地凭借哲学思考而产生的，相反，它诞生于一个自我建构的世界中教育与自我教育过程。不过，哲学可以在与这种命运的共生中清晰地表述真理是什么。这是哲学逻辑推理的意义。（W 3）

作为理性工具的逻辑已成为每个人的陶冶过程中的一部分。假如这种逻辑是成功的，我们自己必定会完全投入其中。因为，培养清晰、开放、公正的意志，其意义有甚于成就某种单方面的知识或是对客观世界的认识。清晰、开放、公正的意志是我们意志的本质，它是无条件的，不从属于任何其他意志，它为我们内心的其他事物指明道路。

人们或许会认为，在上述要求下，逻辑应当具备一种主观而浪漫的性质。其实不然。理性的陶冶过程在个人对自身的回归中赢得了存在客体观的整个广度，或者反过来说：它通过打开人类存在的历史性中的每一种存在方式而使个人的心灵深处无限地敞开。他发现自己处于澄明的存在之有效性中；它清晰可见，但唯有对于那些通过自我教育而使目光变得明澈的人来说才是如此。唯有当个体能建构忠实于自身的习得方式，直至其本质的每一分支，以便为存在打下基础，存在的有效性才会进入无遮蔽的当下。逻辑不应当是主观的，它应当获得生存的特质；当逻辑是哲学性的，它就具备了这一特质。（W 10）

一、思维的陶冶过程

1. 根本的问题是本源问题，但它不是我们首先遇到的问题。在陶冶的过程中，我们首先观看、经验和理解世界上的事物，并将具体的知识传统吸纳于自身。这便导致探寻者在诸多分散的目标中，在目标的有限性——它缺乏绝对的根据，以及无限的可知性中躁动不安。他开始对流行的知识中所包含的矛盾、对他曾听过和发表过的各种言论感到惊讶，于是，他试图寻找寓于万物的"一"，即人类的终极目标、原初基础、世界整体，以及上帝。

2. 如果每一种陶冶的道路都指向同一个根本问题，那就不必像盼望世间一切事物都有解答那样期待某种答案。作为人类存在之历史性内涵而流传至今的宗教和形而上学的解答处于一切知识的边缘（如果这些解答不是对客观事实的强制性的绝对化，而是在信仰和领悟中实现了与存在本身的接触的话）。人们将从神圣书籍中伟大的历史性象征与寂寞的哲学思考中窥见这些答案。人们将其作为独特的事物来理解，唯有在其独特的本质中才能把握其真理。应当澄清本源的空间，存在意识在其中得到实现，而对它的表述本身就是答案。这些存在意识在人类的知识、意愿和行动中得到了证实，它们借此从黑暗地带走向了敞开的境地。

3. 对问题的正确理解能够首先在答案之中显示自身。答案如此地显示其真理性，就仿佛问题的诸历史形象与给出的回答是由之出发而得到理解的，通过一种奠基性的意义关联而被吸收到它的真理之中，被抛弃到它的错误之中。考虑到哲学思考的宏大构想与它可能带来的灾难，我们既不能将所有思想汇聚起来以实现这一目的，也不能通过强制性限制使一切归属于某种宣称是本质的事物。理解根本问题的前提在于，这种理解应当更多的是一种哲学态度，是在对自身存在的不断把握中使探求真理的热情获得理性的审慎。唯有理性的审慎，才能看到对立场、思想与象征的反复探究所能达到的广度，最终，本源的质朴性会从中显现。（W 36）

二、以理性陶冶意识

通过理性来陶冶意识在永远无法完成的整体中趋近真理。对意识进行陶冶，是为了使它能向着真理的统一性自由地敞开。对意识的陶冶发生在真理范围以及由此而来的可传授性范围的持续拓展中。

狭隘的意识以固定的真理作为自身的根基与力量，而拓展的意识则松动自身，以便参与一切可能的真实存在的领域。这种松动并不导向无政府主义，而是向着真正的秩序迈进，在那里，所有的真理都同时具有自身的局限，而其基础和力量来源于那不可把握的"一"之客观性。充分发展的意识所面对的真理形式越广泛，它作为行动的指引就越纯粹。在此，我对狭隘

的意识受到陶冶而变得开放的过程做一描述:

1. 我们交流谈话,仿佛每时每刻在意识的媒介中都有同一个真理。我们预设在一个均质的平面上存在着同一个真理。

然而,松动的、与此同时更加秩序化的拓展的意识追问:真理适用于何种范围? 它在什么意义上,出自何种本源,在何种界限和前提下生效?

2. 我们持续地交流谈话,仿佛我们从属于一个感觉、动机、价值判断与道德标准都完全一致的团体。这发生得如此自然而无条件,但它在根源上却是不可靠的。一旦遇到威胁,我们就会屈从于内心强烈的冲动。

但是,对拓展的意识的陶冶是从一切开放的理性中成长起来的。本源以及由此而来的本真性绝对地照亮了意识的陶冶,而将狂热的情感融化。自我意识被唤醒,它穿透历史性的基础,清晰地意识到我从何而来、我身处何处,并使我向真正意义上的交流敞开。

3. 人们倾向于将确定的知识作为普遍有效的终极知识。

然而,理性的陶冶是一种讲究方法的训练。一切设定的规矩,虽然必不可少,却始终仿佛飘浮在半空中。通过具有一定质量的培养,意识便会受到陶冶而变得开放,人们也会从中相应地形成思维和行为方式,而不只是获得内容知识。(W 689)

三、"此在"与精神世界

由于人实现此在整体的过程是没有终点的，因此，他超越于此在之上，为自己建造了一个第二世界。在这里，他通过交流了解自身存在的一般形式。无疑，作为一种精神存在，他同样与他的此在之现实性紧密相连，但是，当他向上飞升时，他达到了这样一种境界：在一瞬间，他脱离了单纯的现实性，回归于他凭借精神的想象和创造而形成的存在中。

从这样的本源出发，第二个世界是在第一个世界中形成和被发现的：个人通过对其自身存在的认识而有能力将生活当作给定的此在加以超越。他凭借他的教养，完成精神飞跃的过程，而此在的日常操持则通过渗透于其中的观念的意义而进入这一精神过程。精神通过艺术、科学和哲学创造了自己的语言。

精神的命运维系于此在之依赖性与原初性之间的两极对立。在单纯的依赖性中，正如在想象的虚构中一样，精神已荡然无存。即使精神在此在的现实中成为某种理念，这一理念仍然可能消遁。而那曾是精神的事物也可能作为一个躯壳、一副面具、一种单纯的刺激而在残余物中留存下来。

在我们这个以大众秩序、技术和经济为主导的时代中，倘若人们试图将这种不可避免的制度绝对化，那么，精神的人类存在就会陷入危险的境地，即精神的根本基础可能会被摧毁：正如国家作为人与人之间的联盟能被摧垮一样，精神也能被毁灭——一旦它不再由本真的原初性生发出真实的生命，而只是成为大众及其有限目的的附庸。（GSZ 112 f.）

四、作为生活形式的陶冶

陶冶是一种生活形式；它以作为思想能力的训练为支柱，而有秩序的知识则是其发生的场所。对现成事物的形式的直观、高度准确的洞见、关于事物的知识以及运用语言方面的熟练，都是陶冶的内容。（GSZ 113 f.）

根据一种深入人心的观念，无须理性的恒常运动，陶冶的塑造作用一样会受到科学的强化与限制。不过，在形成人生态度方面，陶冶必须为人们提供广阔的空间，使人们尽可能地运用理性来探索不同的道路，全面地展开精神运动。（Idee II, 34）

对人的培养的一个关键要素就是他赖以获得历史知识的陶冶。这种陶冶，如同世界与宗教的历史现实的语言一般，是活生生的。同时，陶冶也是交流、唤醒和自我实现的媒介。了解和掌握过去，是为了使人们能够从已获得的可能性中真正地成长为自己。（Ph 635）

　　具有陶冶作用的思考发生在意图整体地塑造人、使其本质充分表达的陶冶活动中。这种陶冶活动如同游戏，因为它除了自身之外并没有其他目标。它与游戏的不同之处在于它体现了人类存在之理念的严肃性。这一理念带来了一种连续性，它使教育行动自身成为已获得的教养的表达，以及通往未来的陶冶的路径。

　　教养不是对知识的占有，而是对精神内涵的汲取。伴随着这种汲取，某种知识同样会得到增长。但是，当这种知识成为陶冶的要素之一时，已获得的思维、行动与认知的形式就会从中显现出来。这样的知识并不是陶冶本身。纯粹的知识是达到某种目的的手段，人们可以运用这些知识，但对于人而言，它们始终是外在的财富。然而，那些具有陶冶作用的知识，却能改变人，并成为他们的本质。就历史而言，在布克哈特看来，知识的意义不是教人"吃一堑长一智"，而是使人永远睿智。实用知识以限定其有效范围来确保其预见性；具有陶冶作用的知识能够发挥效用，只是其作用无法预测。

　　教养并非自个人与生俱来的天性中自然形成，它是历史性地获得的。诚然，在陶冶的过程中可能会借助某些理念与想象，但陶冶首先是以伟大的形象以及对图像的深刻观照来充实心灵的。陶冶是使历史上传承下来的直观观照在一目了然的秩序中呈现于当下。

毋庸置疑，每个人都具有个性。陶冶则意味着，在塑造和发展这一天然给定的特性的过程中，使人自身的活动、意识与其特有的世界的形式逐渐趋向一般形式，从而使这一般形式在个体的构造中呈现为独一的个性。

教养因此也就成为人的第二天性。因为教养不是天生的，它与传统、教育、祖辈与家庭以及促使个人觉醒的社会团体的本质息息相关。一个民族的精神层次取决于这一民族的陶冶方式：人们追随哪些他们尊敬的伟大人物？如何看待其本质并将其树立为标准？

陶冶活动是一种思想活动。随着时日流逝，我通过这种思想活动将我的行动置于法则之下，这一举动的意义与其说是消极的，不如说是积极的。举例来说：在精神活动中，时常会遇到这样的问题，我在此刻或在这一状态下，是否有权做某事？——唯有内心的冲动才能回答这一问题，这种冲动拒绝纯为打发无聊、不做任何准备地去剧院观看《哈姆雷特》的行为。陶冶需要有严格的纪律，但它主要来源于贯穿内容之严肃性的连续性，它不是单纯的形式和秩序。当灵魂暂时消遁于乏味的时光中时，这种单纯的秩序或许还有其效用与存在的价值。我不可践踏自己的灵魂，也不可践踏精神作品，两者互为一体，唯有当下澄澈的、受过陶冶的良心才能无条件地决定陶冶的本质。（W 353 f. ）

五、陶冶的构造

有价值的和无价值的陶冶——陶冶可以说是使个人在世界中找到某种定位的途径，个人通过接受传承下来的范畴和方法，在知识内容与存在的构造图像中获得这种世界定位。实证主义和唯心主义作为世界定位的两极，意味着陶冶的可能范围。我们无法越过世界，因为我们唯有通过世界才会变得真实。即便是最大程度的陶冶也无法使个人成为存在，而只是为其实现创造条件，但狭隘的陶冶却必然意味着与之相应的狭窄的此在之范围。

总体来说，陶冶是一种成为了真正的此在的意识。在受过陶冶的人眼中，世界与万事万物并非杂乱无章或是彼此孤立的，它们在清晰构建的视角中呈现。他并非依据理解力的机械原则，而是出于非个人化的理念的实质来行动。

就获取思想的形式与知识的可能性而言，陶冶是理论性的；不过，它同时也是契合某种具有历史有效性的态度与行为的第二天性，就这一点而言，它又表现出实践的性质。

从实证主义的角度来看，陶冶是现实的知识，但它以一种有根基的知识的形式呈现——对此，我知道我如何和怎样知道，也知道什么是我所不知道的。陶冶在其发问能力中确证自身，在具体的情况下，这种发问能力能凭借所获取的知识直接探寻到事物的根基。在这种发问中，令人信服的知识、事实的实证性，以及创造的可能性都有其意义。从唯心主义的角度来看，陶冶是对整体的参与，它是构造与图像的充盈状态。其意义在于，从自身出发为经验不可证明的观念与能力在此世界中构造一个直观的草图。陶冶使受教育者之间的交流成为可能，这种交流越过了令人信服的知识而深入到世界存在的内涵。在实证主义一极，陶冶意味着培养有目的地控制事物的技术能力，以及以真正的理解力为前提的语文学能力；在唯心主义一极，这种对内在精神世界的理解得到了充实，并且能够创造性地把握从医学治疗到作品设计，直至实事求是的行动的一切事物。（Ph 203 f.）

六、陶冶的历史性

历史性回顾。所谓有教养的人，是指为某种既定的历史观念造就的人。一个由想象、表达、价值观念、处事方式和能力交织而成的整体构成了他的第二天性。古希腊人的教养观念是身心健全；古罗马人的教养观念指的是有节制的行为与责任感；英国人的教养观念是指绅士风度。这些教养观念可以通过四种不同的方式进行划分。可以根据人们的阶级出身：骑士、牧师、僧侣、市民；可以在精神领域内区分：社交名流、艺术家和诗人、学者；可以按照主要的技能领域：诗歌和体育方面的训练、学院的知识与技能、语言与文学方面的训练、技术与自然科学方面的知识；最后，可以按照人们接受教育的场所：古希腊的体操馆、露天集市里的公共生活、王室法院、沙龙和大学。对所有这些教养理念来说，共通的是一种形式与自我约束，以及这样一种意识：教养必须通过实践而成为人的第二天性，仿佛这一切都是与生俱来而非后天习得的。

有时，整个民族会接受某个特定阶层的教养理念，将其作为民族的教养理念。这样，我们就不难理解英国绅士和法国人那种整齐划一的个性特征了。不过在德国，还没有哪个阶级发展出一种有足够感召力的教养理念。因此，德国人缺乏一种规整的教养，显得粗野。对德国人来说，教养始终是个人的私事。

人们总是把陶冶的结果——而非陶冶过程本身——作为一种要求社会特权的资格。在希腊化的埃及，经过陶冶而转变为"希腊人"的男性青年就有资格担任市政职务。而在古代中国，通过科举考试就可以进入士大夫阶层，成为政府的官员。在德国，有教养则意味着拥有高级中学的毕业证书，而在过去，只有人文学校（humanistische Gymnasien）的毕业证书才有这种效力。没有获得这类学校的毕业证书就无法接受高等教育，从而也就意味着不能从事某种职业。（Idee III, 78 f.; ähnl. II, 33 f.）

七、陶冶与古代世界

对于西方的大众来说，陶冶迄今为止都只是由于遵循人文主义的道路才取得成功的。但是，对于个人来说，其他的道路也是可行的。凡是在青年时代学习过希腊文和拉丁文的人，凡是读过古代诗人、哲学家和历史学家作品的人，凡是通晓数学、研读过《圣经》以及自己祖国的富有想象力的伟大作家作品的人，都可能进入一个生生不息的、广阔的世界，这个世界将赋予他一种不可剥夺的内在价值，授予他开启其他世界的钥匙。但是，这样的教育的实现，同时也是一种筛选。并非每一个接受教育的人都能收获真正的内涵，很多人除了学到一些肤浅、表面的东西之外一无所获。决定性的因素不在于掌握语言、数学或是一种现代文化的内容所需的专门才能，而是要有一种接受精神影响的准备。人文主义的教育是对个人施加有选择的影响的教育。只有这种教育才能产生良好的效果，即便是在教师并不称职的情况下也是如此。一个阅读《安提戈涅》的人，即使对于仅教给他语法和韵律而不教给他任何其他东西的教学方式产生了反感，他仍然能够从他面前的这个文本中受到深刻的影响。

人们或许会问，这种人文主义教育为何具有如此显著的优点？答案与人文主义教育的任何理性的目的性无关，对此，我们只能在历史的线索中追寻。事实上，古代世界提供了塑造西方人的所有基础。在古希腊，关于陶冶的思想第一次被充分地理解和实现，并且从那时起，就一直适用于每一个有理解力的人。在西方，人类存在的每一次伟大提升都源于与古代世界的重新接触。当古代世界被遗忘时，野蛮状态便会复苏。正如脱离了根基的东西必然漂泊无依，倘若我们失去了与古代的联系，情形也是如此。尽管我们的根基可能会发生变化，但它始终是这个古代世界。与这一基础相比，特定民族的历史只是在从属的地位上发挥作用，而并不具有独立的陶冶力量。我们首先是西方世界的公民，然后才各自属于某一个民族，而每一个民族都是在接受古代文化的基础上形成的。然而，对于今天的大众来说，古代文化至多只是被容忍而已。真正意识到其重要性的人，却是凤毛麟角。(GSZ 114 f.)

我们不要被下述狂妄言论震慑住，即认为我们所处的时代已超越了人文主义，人文主义已是没落阶级的历史陈迹。当专制力量企图排除异己、扼杀人类真正的精神需求时，这种错误而肤浅的说法才会大行其道。

人文主义本质上关乎教育。它以最纯粹、最简洁的形式将最深刻的人类内涵传授给青年。保留人文学校，使有天赋的儿童通过掌握古代语言吸取最宝贵的文化遗产，这样的做法并不过时。所有西方儿童，除了熟悉《圣经》以外，还应熟悉古代历史，熟读古代著作的翻译，了解那个独一无二的时代的伟大艺术。

然而，当今对人文主义的宣传也有不少误导人的地方。（RA 332）

当然，脱离历史，仅从一种空洞的人的观念出发，是无法产生新的人文主义的。

不过，有一种未来的人文主义是值得期许的，那就是将中国和印度的基本人文思想纳入西方文化，从而发展出一种带有不同历史背景的、全世界居民共同享有的人文主义。这种人文主义包含多种历史的表征，而它们各自也因彼此了解而变得更加完满。

但更关键的是，人文主义并不是终极目标。它只是创造了一个精神空间。在这个精神空间中，所有人都可以且必须为独立而斗争。（RA 334）

第十四章　科学性的陶冶

　　大学教育的特色是科学性的陶冶。它培养的是这样一种能力，即可以为追求客观知识而暂时悬置自己的价值观点，也可以不偏不倚地分析事实而将偏见与当前的意愿搁置一旁。科学性即事实性，它要求对工作专注，要求仔细思量以发现相反的可能性，要求自我批评。它不允许一个人随心所欲地考虑问题，也不允许只顾其一而不及其余。科学性的独特之处在于怀疑与问难的态度，在于做出判断时的谨慎，以及对命题的边界与有效性的检验。

　　科学研究和职业教育都具有陶冶功能，因为它们不只传授事实和知识，更能培养一种科学的态度。学生不只从中获得事实性知识，同时也能改变固守己见的态度，避免狂热和盲目的行动。经验本身并不是一切，但它却是认识绝对真理的前提。对于世界之广阔的体验是通往超越性存在的跳板。因此，科学的态度不仅有助于获得知识，更重要的是，它能培养人的理性。

　　热衷于研究和解释的强烈意志促进了人文素养的发展：能听取辩论，有理解力，能兼顾他人的观点来考虑问题，诚实，自律，始终如一。

不过，这种教养是自然而然的结果，而不是可以刻意计划的目标。倘若以此为目标而使陶冶脱离学术工作来确立其发展方向，那么在此过程中丧失的恰恰就是教育本真的意义。如果"人文主义"教育取消了语文学和方法论，而只提供优美的表面知识作为赏玩和谈论的对象，那么它就是一种欺骗。或者，我们会对那种使我们服务于宗教需要的陶冶方式心存渴望吗？大学不同于教堂，容不得宗教敕令和神秘启示，它也不是一个容纳先知和传道者的地方。大学的宗旨是在理性王国的领地内，提供一切必要的工具和可能性，引导每个人开辟全新的知识疆土，引导学生无论在做什么决定时都能反躬自省，引导他们注意培养自身的责任感，使之在其求学过程中得到最大程度的唤醒和提升，成为清晰的自觉。大学要求学生具有一种坚定不移的求知意识。既然求学过程与个人的主动性是并行的，大学就应该最大程度地培养个人的独立性。在大学的领地内，除了不可穷尽的真理以外，没有任何权威；而对于真理，一方面，任何人都可以追求，但另一方面，谁也不能说自己掌握了最终的真理。

由大学的理念而实现的陶冶本质上根源于求知意志。这种求知意志的目标是认知。在这种教育中成长的人是不会误入迷途的。单纯依靠知识无法洞见此在的终极目标，但就求知而言，

却有一个终极目标，即认识世界。(Idee III, 79 ff.; ähnl. II, 50 f.)

一、科学内涵的陶冶功能

自然科学与人文科学的教育理念在风格上迥然有别。自然科学的现实主义与人文科学的人文主义似乎完全是两种教育理念。这两种类型的教育都要仰仗科学研究，只是，一个是通过观察和实验熟悉自然现象，另一个则是通过理解来熟悉人类的书籍和作品。

在人文科学中，我们将研究范围限定在精神可理解的事物中，对于从精神的角度难以理解的存在现象，诸如地貌的形成、人种和自然灾害，则视为研究的边界和陌生事物。然而我们的存在却受制于这些不可理解的事物，这正是自然科学应当努力认识和解释的部分。

人文学者与科学家都倾向于认为自己的学科才是真正的科学，至今尚未有一种尽善尽美的教育理念能使人文主义与现实主义融会贯通，相得益彰。这种理想状态只在少数人身上出现过，比如亚历山大·洪堡和冯·贝尔。

人文科学的教育价值在于参与人类历史，它使人认识到人类可能性之广阔。即使在学科研究手段（语文学）已被遗忘的情况下，研究所得的成果仍不失其价值。从黄金时代的神话、雕像与文学作品中吸取营养，这本身就具有教育价值。

自然科学的教育价值在于培养精确观察的习惯。仅就教育的内涵而言，自然科学比人文科学逊色得多。在物理学和化学中，结果相对不那么重要，但得出结果所遵循的方法却是富有教育价值的。除了结果以外一无所知的自然科学家，拥有的只是僵死的知识。因此，单纯地掌握结果和答案，是与精神教育的目标背道而驰的，甚至还会导致将科学奉为权威的迷信教条。许多人眼中最紧要的、将若干科学成果武断地整合为一个体系的做法，对自然科学家而言实际上是最没有教益的。一条我无法独立验证其效力的知识，不仅缺乏所有正面的教育价值，反而具有破坏性作用。这些根本上无用的体系所能产生的影响，不过类似于古代的神话传说。抽象空洞的体系取代了神话世界，贫乏的世界取代了内涵丰富的整体，与大自然充满活力的、生动的交往也被一些苍白的自然科学观点所取代。如今，世界已被"祛魅"，这不是由于自然科学本身的缘故，而是由那些将自然科学的结果奉为教条的心理所导致的。

上述情形尤其适合于精密科学。精密科学以其精确和整洁而居于科学之首，在包容所有知识假设的前提下，将其整理得眉目清晰。它们进一步证实了康德的论断：只有运用数学方法，才会有真正的科学。在这里，一切都取决于我们接下来是否采取更深入的观察步骤，而不取决于我们是否接受既有结果。更不必说自然科学的领域实际上是无穷无尽的。无机物的王国尚且包含数不胜数的元素结构，一个表现为有机生命的实体，则更是神秘莫测、不可思议。康德写下的一句话至今仍然有效："毋庸置疑，根据纯粹的机械原则，我们根本无法充分理解，更不用说解释有机生命与其内部潜在的生活。同样可以确信的是，如果有谁盼望出现另一个牛顿，这个牛顿可以用未加深刻审视的自然法则解释哪怕一小片草叶的生长：对于这样的做法，任何人都可以断定其为荒谬绝伦。"今天，生命科学的研究已经取得了惊人的进展。就其内容而言，生命科学具有相当大的教育价值。生命的千姿百态为人们打开了一个崭新的世界，澄清并加深了我们与自然与生俱来的密切联系。教育的价值完全取决于知识成果在多大程度上被转化为实际的观察、沉思和对周围世界的把握。(Idee III, 81 ff., ähnl. II, 35 ff.)

二、促进成人教育

在接受了无关痛痒的、随意凑合的教育之后，成年人并未成功地走出一条进入世界的自己的道路，而是被遗弃在一旁，并开始意识到这一事实。这时，促进成人教育的要求便成了时代的症候。过去，成人教育的宗旨只是在更大范围内传授知识，唯一的问题是普及率。而今天，更紧迫的问题却是，是否可能以当代生活为源泉，在由普通的教育者、工人、雇员和农民组成的社会中形成一种新的教养。那些被遗弃的人们将不仅能在现实中找到自己的方向，还能重新归属于一个超越职业和党派的共同体。人们将再次凝聚成一个民族。无论我们对这种成人教育的可行性抱有怎样的怀疑，我们都必须认识到，这是一项具有真正重要性的任务。如果一切旧有的理念都将在时代的现实面前被击得粉碎，那么，克服当前状况的尝试也许注定会失败，但这一努力本身已显示出人类尊严的留存。如果世界上不再存在民族或人民——个人能从中获得毋庸置疑的归属感——或者如果这个民族或人民只是支离破碎地留存着；如果所有群体都被无情地摧毁，那么，对于形成一个新民族的向往就只是乌托邦式的浪漫主义。尽管如此，这一向往仍是合理的。但是，在这一向往实现之前，我们拥有的只是朋友之间的同志情感，它是个体现实性的实现，是与具有其他思维方式的人交流的愿望。因此，当前所理解的成人教育运动并非现实，而是一种症候，一种处于教育崩溃时代的文化瓦解过程中的人类的绝望症候。（GSZ 103 f.）

三、陶冶的普遍降格与能力的专业化

在大众秩序的此在中，对大多数人的陶冶倾向于迎合普通人的需要。精神散漫于大众之中，渐趋衰亡，知识则为了照顾肤浅的理解力而被理性化到贫乏的程度。这一普遍降格的过程显示了大众秩序的特征，它使有教养的阶层渐趋消亡，后者一度是由持续的思想和情感修养造就并被赋予精神创造力的。大众很少有闲暇，他们的生活不再扎根于整体。他们不想付出努力，除非有一个具体的、可转化为实用价值的目标。他们不懂得耐心等待，而是希望从每一件事中获得即刻的满足。甚至他们的精神生活也只是转瞬即逝的快乐。正因如此，随笔成为了最受欢迎的文学形式，报刊取代了书籍，另一种形式的读物取代了那些能陪伴人终生的著作。人们快速而粗略地阅读。他们要求简洁，但不是那种能形成严肃思考的简洁与精练，而是那种能迅速提供他们想要知道的内容的简洁，而这些内容又会同样迅速地被他们遗忘。读者与他的读物之间不再有精神上的交流。

如今，陶冶意味着某种永远不成形的东西，它以奇特的强烈程度自空虚中生成但又不断地使人回归空虚。众人共有的价值判断成为典型。人们迅速地厌倦他们已听说的东西，因而不断追求新鲜事物。一切新奇的事物都被当作正在寻求的最重要的知识而备受欢迎，但随即又被放弃，因为它们所能提供的只是一时的感官效果。人们充分意识到自己生活在一个正在形成的、不再考虑历史的新世界中，他们总是不断地空谈新事物，仿佛新事物只因其时新就必然是有效的："新的思维方式""新的生活观念""新的身体文化""新的客观性""新的经济管理"，等等。任何事物，只要是"新的"，就必然具有肯定的价值；如果不是新的，便被认为是微不足道的。即使一个人没什么可说，他也拥有这种判断力，一旦面对艰巨的思考任务，他就能将这种判断力单纯地作为防御力量来使用。仅仅"具有理智"就被认为是拥有了把握真实的生存的精神能力。人们不再感受到同胞之情，不再对他们怀有爱心，而只是利用他们。人们只是在抽象理论的层面上或是为了实现某种明显的目的而拥有同志和敌人。一个人被认为是"有趣的"，往往不是因为他自身的缘故，而只是因为他能带给人刺激。一旦他不再使人惊讶，这种刺激作用就消失了。当人们评价某人为"有教养的"，他们无非是指此人具有这样的能力：面貌全新，智力超群，使人感兴趣。形成这种教养的场域是讨论。如今，讨论已成为一种大众现象。但是，如果讨论并不意在提供上述三种评价所体现的乐趣，而是要给人以真正的满足，那么它就应该是一种真正的交流形式，即表达彼此冲突的信仰之间的斗争，或是传达属于共同建构的世界的经验与认识。

　　知识的大众传播及其表达导致了词语的空洞贫乏。在当下的陶冶的混乱中，人们什么都可以说，但所说的全都空洞无物，不仅词语的含意模糊不清，那使心灵相互沟通的最初的真实意义也被抛弃了。这使得相互理解基本成为不可能。当人们不再坚持真实的意义，语言便无法实现作为交流工具的目的，而是自身成为了目的。假如我透过一块玻璃观看风景，而这块玻璃朦胧不清，那么我的注意力就会投向玻璃本身，无法再看到风景了。如今，人们不再努力将语言用作思考存在的工具，而是以语言代替存在。存在应该是"原初的"，因此，人们避免使用惯用的语词，特别是避免使用那些曾经并仍然可能承载真实内涵的、宏大的语词，转而想用陌生的词语和词序冒充原初的真理，以显示运用新术语的深刻性。人们以为这种对事物的重新命名显示了精神的能力。新名词最初具有吸引人的奇妙效果，但不久也同样变得陈腐了，或是暴露出它本身只是一个面具。这种为了语言本身而关注语言的做法乃是一种在陶冶的混乱中寻找形式的条件反射式的努力。其后果是，在今天，教养的表现形式或是一种未被充分理解的、寡淡无味的饶舌，或是取代了现实的长篇大论，一种纯粹的演说时髦。语言对于人的生存的基本意义，由于人们注意力的转移而化为幻影。

在这种不可阻挡的瓦解过程中，陶冶的现实性也在自我强化，指明了种种上升的道路：在关乎职业知识的地方，精确的专业性已成为题中应有之义。如今，各式各样的专业能力得到了广泛的拓展。通过研究某种知识方法的实用性，就可以获取相关知识，并将其呈现为最简单的结果的形式。在现存的混乱中，人们可能成为某一方面的内行，但由于专业学科已四分五裂，个人的才能范围通常极为狭窄，无法使他的本质与教养的整体达成统一。（GSZ 115–118）

第十五章　大众的陶冶

一、印刷物与大众的陶冶

印刷物——报纸是我们时代的精神此在，它在大众当中实现自身的价值。新闻报刊最初只是传递消息的工具，如今却在世界上占据了支配地位。它创造的生活知识具有能被普遍理解的明确性，这与专业知识不同，后者只能为内行理解，因为它是以一种未经专业训练的人所不能理解的术语表达的。这种对生活知识的组织以报道的形式兴起，它并不重视专业知识的研究，而仅将其视为过渡手段。它作为我们时代的无名文化而诞生，并且，作为一种文化，它仍在生成之中。报纸作为一种理念，体现了充分实现大众陶冶的可能性。它避免大而化之的概括和表面现象的简单堆积，生动地、建构性地、简洁地描述事实。它将精神领域中发生的一切都囊括在内，甚至包括特殊科学的极其微妙深奥的细节与最崇高的个人创造。它将最相近的事实组合在一起，使那些在其他情况下可能始终只是少数人的无效财富的东西进入了时代意识，在这个意义上，它仿佛是在重新创造。它将那些原本只是专家才能明白的东西加以变形，使之能为大多数人理解。古代文献不同于我们自己的文献，它表达的是一个清晰、简单的小世界，它将这个世界表达得栩栩如生，因此可以并已经被一些人引为榜样。它的实质乃是一种向各个方向敞开从而能够直接洞悉事物本质的人性。然而，现代生活的实际状况极为复杂，这个世界的认知要求已完全不同于古代了。

对于现代人来说，在日常印刷物的瓦砾中发现那些以完善而简洁的报道语言表达的、具有令人惊叹的精辟见解的"宝石"，乃是一种极大的、少有的满足。这些珍贵的文字是一种精神原则的产物，这种原则在这里自我实现，并且对当代人的意识产生了潜移默化的作用。当我们明白了新闻记者对于日常生活所发表的言论的意义时，我们就会更加尊敬他们。在今天，凡是发生的事件都不应仅仅由那些直接知晓此事的人所掌握，新闻记者的任务就是要让这些事件吸引千百万人的注意。在某一时刻及时发表的言论具有长远的影响。这些言论是与生活密切接触后的产物，它通过改变大众的思想而部分地决定着事件的进程。如果印刷文字未能对读者产生持久而广泛的影响，人们就常常叹惜报纸的言论昙花一现。但是，在今天，鉴于报纸对读者的影响力，报刊言论已能真正地参与现实。因此，新闻记者肩负着特别的责任，虽然记者是匿名的，但是他的责任应能给予他自信和强烈的荣誉感。他明白，在事件的进程中，他拥有影响他同胞的头脑的力量。他通过他的言论而成为当前状态的共同创造者。

但是，新闻记者的这些最高可能性也可能衰落。当然，新闻界并没有面临什么危机。这个王国是有所保障的。这个王国中的斗争，并不是为其统治的维续而进行的战斗，也不是为了对付它当下的敌人而进行的战斗，而是为了决定一种独立的当代精神的力量是继续保持活力还是衰亡下去而展开的斗争。这些事件发生的当下写作和思考的人，常常训练有素，却写得仓促而欠考虑，人们往往认为这是可以理解且无可避免的。然而，这种职业最具灾难性的特征乃是新闻工作的责任和精神创造性会由于记者不得不受制于大众的需要和政治—经济权力而受到危害。我们常常听说，一个记者不可能始终保持精神上的体面。如果他要为自己的作品找到市场，就必须诉诸千百万人的本能，追求耸人听闻的效果，迎合平庸的心智，为避免读者在阅读时费脑筋而使写作变得琐碎粗俗。新闻界不得不愈益服务于各种政治—经济权力以谋求生存。在这种夹缝中，新闻界学会了哄骗的艺术，为了那些与他们的更高自我不一致的事情而极尽宣传之能事。他们不得不奉命写作。只有当此在之力量本身是由一种理想所支持，而记者也认为自己与这些理想和谐一致时，他才会走上真理之路。

这一具有自身道德标准并且实际上对世界具有精神支配作用的特殊阶层的形成，是我们时代的特征。这个阶层的命运同时也是这个世界的命运。现代世界离不开新闻界。因此，结果将不仅取决于读者以及各种实际存在的权力，还取决于那些以自己的精神活动为这一阶层打下印记的人们所具有的原初意志。归根到底，问题在于：大众的特质是否将无可避免地毁掉人类可能成就的一切？

记者能够实现被普遍化的现代人的理想。他能投身于日常的张力和现实，并进行反思。他在最深层的领域中探索时代心灵的脚步正迈向何方。他自觉地将自己的命运与时代的命运交织在一起。当他遭遇虚无时，他惊恐、痛苦、畏缩。当他追寻那种使大多数人感到满意的东西时，他便是不真诚的。当他真诚地实现他在当代的存在时，他便上升到了崇高的境界。（GSZ 122–125）

二、基础与大众的陶冶

新的社会条件赋予哲学一个与以往任何时候都完全不同的任务，今天的大众不再一味地将自己的力量投入到陌生的意志中，而是能运用自己的知识在选举表决中表达意愿，从而发挥重要的作用。因此，哲学思考在当今世界发挥其效力的前提是，它必须触及大多数人。目前的情况是：大众能够阅读和书写，他们没有充分接受过西方的教养教育，但他们却是知识、思考和行动的参与者。他们愈能享受新的机会，就愈能形成完善的观照、批判力和鉴别力。因此，有必要让所有人在长时间的沉思中，尽可能简单、清晰而不失深度地将本质性的东西传达出来。今天的很多人仍然不知道自己想要什么。宣传机构只关心自己的利益和权力，完全不顾及那些不会自己思考、缺乏反抗精神的大众的灵魂。如今，真理不得不采取宣传的形式才能进入民众的耳朵。因此，富于创造性的思想家的首要任务是重现真理的质朴构型，使它在每个人的自我原初理性中找到回声。质朴的思想是本质性的，它的每个要点都以明晰性击中接受者，它不仅使人获得知识，更使作为整体的理性在人们内心觉醒。（PuW 19f.）

第十六章　对教养的批判

一、转向"教养世界"

我们的古典时代（1770—1830）专注于一切伟大、真实、美好的事物。精神上高度成熟的德国人为人类所创造的一切美妙的艺术心醉神迷，他们四处寻找和学习这种艺术，以至于达到了令人惊讶的程度。我们的古典时代曾是一个前所未有的富于理解力的时代。那无限的理解力跨越了广阔的视野，这是古典时代强大的标志；但同时，它也受到它的人民的天性与他们的作品的限制，这是它的软弱之处。古典时代的人们生活在不可估量的精神财富中。不过，这种精神财富很大程度上取决于人们的理解态度而非他们的存在本身，这一点可能诱使人们满足于相互理解，而忽略了自身存在的实现。（A 76）

古典时代最终转变成了一种"教养世界"（Bildungswelt），这是它与生俱来的厄运。为了转嫁时代应当承担的严峻使命而代之以人文主义的激情，人们也就容许了这种细微的、几乎难以觉察的转变。

随着 1871 年德意志帝国的建立，文化与艺术很快开始走下坡路。教养世界却代之而起，人们将它视为古典时代的遗产。（A 78）

这种教养并不真正引导人自我实现，而只是使人满足于浮光掠影地涉猎各类知识。这种教养如同无本之木；它无法照亮一个人的可能性。与此相反，有一种一般存在（Bestand），它与此在保持着距离，但对于在沉思中获得自我存在的生存而言，这种一般存在在其客观性的完满中仍是真实的，生存通过进入过往的现实性而理解它可能拥有的历史性之广度。（Ph 635）

"陶冶的宗教"，也就是这种转变，是克尔凯郭尔和尼采曾揭露过的公开的谎言，但他们最终未能战胜这种谎言。陶冶的宗教一直延续至今，它遮蔽了精神的严肃性。

这正是我们对古典时代的暧昧态度。正是因为与古典时代的联系，我们才成为真正的德国人；倘若遗失了这一根源，我们就会变成粗野之辈。此外，唯有带着批判的眼光看待古典时代，并抛弃使人误入歧途的教养世界，我们才能真实地站在时代共同的地基之上。"陶冶的困境"在于，这种转变后的陶冶总是存在，并得到"精英"们的推崇。（A 78）

在我们的青年时代，我们总是以自身的经验来观察德国。尼采却以他深邃的思想打开了我们的视野。古典时代短暂的繁荣转变为教养内容之后，人们只是以巧舌如簧为荣。他们将无限的历史知识与理解同自我的现实混淆起来。一切仿佛都成了舞台布景。舞台本身成了陶冶的场所，它既不服务于上帝，也无法唤醒在其中受教育的人们的自我意识，而只是激起观众廉价的激情，成为无根的社会中人们茶余饭后的消遣。于是，人们将政治也视同儿戏。它与民众无关，也与教养社会无关。（HS 352 f）

精神自我凝结为教养世界，并试图以承载其自身的有效观念转变世界，这些观念在教养世界中肆意发展，直至被新的观念重新溶解。当精神变得绝对时，它就会以失败告终。因为对于存在和超越性力量而言，精神缺乏统一性，存在与超越性力量一方面摧毁精神的构造，另一方面又引发重新建构精神的动机。（W 721）

伟大的诗人是本民族的教育家和未来伦理的预言家。聆听伟大诗人的教诲的人们不仅被其作品深深打动，同时也开始将注意力转向他们自身。

然而，文学创作与观看总是容易沦为纯粹的"看戏"。原初的严肃性是观者在悲剧性的领悟中的一种内心"宣泄"。但当它滑向了一般性的自娱自乐，这种情感便不再真诚，而不过是一种自我沉溺。

在观看戏剧时，除了从中获得审美享受之外，更重要的是要将整个身心投入其中，将演出中逐渐显现的真相作为切己之事。如果只是像个无关人士一样旁观，或是认为剧中的一切虽然可能发生在我身上，但我终将从中脱身，那么，戏剧的内涵便消失殆尽了。之所以如此，是因为我从一个安全的码头眺望世界，似乎我再也不能带着我在世上的命运，在前途未卜的航船上寻找目标。我以宏大的悲剧性阐释世界：这个世界生来要使伟大的东西被毁灭，而这一切，不过是为那些无动于衷的观众提供享受罢了。

由此而来的后果便是存在之主动性的瘫痪。世上的一切不幸都无法将人们唤醒，反而使人在内心里相信，外部世界无非就是如此，我无法改变它，所幸也无须卷入其中，但我仍然渴望在一定的安全距离内观看它。我一边观看，一边酝酿着合理的情绪，我采取立场、做出评判、投入剧中人的喜怒哀乐，但事实上，我始终与他们保持着距离。

从悲剧性的领悟向审美的教养转变的过程在古希腊晚期（在古代戏剧的复兴中）就曾出现过，它在新时代里又再次发生。其原因不仅在于观众，也在于诗人们主动放弃了原初的严肃性。（W 952）

人与作品之间无法协调一致，由此催生出这个教养世界中一系列无血肉的形象，其情感之强烈、事件之戏剧性与舞台技巧之熟练都无法取代古希腊戏剧与莎士比亚戏剧自其深处向我们言说的声音。现代戏剧中保留了思想和感伤情绪，或许还包括真正的认识，却再无构造可言。陶冶的严肃性而非存在的严肃性创造了黑贝尔和格里尔帕策这样的诗人——他们尚属于这一类中最好的例子，当人们叩问他们笔下的形象的真实性时，那些形象只会发出空洞、沉闷的声响。（W 953）

原初的理想主义具有英雄主义振聋发聩的强音与现实色彩，它曾所向披靡，但如今，这种理想主义越来越明显地消解为教养形式。理想主义以其思想之丰富与精微，在人们眼前展现出一个伟大而和谐的世界，以及一种原初的、真正的世界观的广度。然而，当它消解为教养形式之后，它就变得贫弱而虚伪，因为接受此种教育的人们缺乏真正的克服，而后者是自我经验的基础。人在自己的世界里设定了一个可靠的闭环。他在应对各种情境时遵循固定的程序，但他自身不过是一种附属存在，按照心理学性格类型理论，他多多少少是逃避性的、过分关注安全的、神经质的，他真实的人生与他的哲学是相互分离的。（W 620）

二、现实的衰朽与消亡

自我们的青年时代起，我们就在内心里反抗世俗性，反抗习俗的谎言，反抗一切遮蔽状态的不严肃——在这种遮蔽状态中根本谈不上人的伟大与尊严；我们同样反对那种在自我满足的无知、怯懦的沉默与廉价的拒绝中展现出来的肤浅而流行的人文主义教养观。我们向往真实。但我们感到，我们自己也不清楚什么是真实；需要经过最深刻的自我批判才能踏上通往真理之途。（PGO 440）

沉浸于对历史的思考，感受对优美和崇高之物的喜爱与对丑陋和渺小之物的厌恶，仅仅如此，尚不能打开历史的地基，它们只是展示了人文主义的教养世界，一个飘浮在现实中的第二世界。人文主义的交往作为自由的象征、探寻事实的方法，以及理解力的享受而深受人们喜爱。不过，我们也觉察到心灵内在状态的某种危险，即不加分辨地将崇高与低劣一同纳入灵魂之中。

然而，我们应当触及本质。只有当我们透过现象，超历史地与那些严肃地向我们言说的事物交流，从而真正地转变我们自身时，我们才可能触及本质。在我们听到那些声音的地方，我们就会改变自己对待历史现象的方式。然后，我们会放弃那些与我们无关的无限的纯粹历史性，我们明白，尽管处处有神存在，但作为不具备超人本质的人类，我们无法与之一一对话。我们不再对观者的情绪亦步亦趋，而是在内心与行动中紧随那些促使我们成为自己的事物。在我们各自的道路上，我们明白自身存在的可能性界限，但我们并不知道我们自身的开放性能将我们带往多远的地方。（PGO 93）

然而，一旦国家、宗教与文化彼此分离，它们的客观性也就会随之消解。国家将成为单纯运转的没有灵魂的机器，宗教不过是令人恐惧的此在的迷信，而文化则沦为无能的存在之遗忘（Existenzvergeßlichkeit）的教养享受（Bildungsgenuß）。因为，自足的客观性已不复存在了。（Ph597）

文化不能自存，它作为教养微不足道；文化源自国家现实与宗教实质的血液。（Ph 597）

应当将教化从富人的审美理想主义和上层人无所用心的精神世界里拯救出来。（PA 242）

三、教养与存在

教养是每个人必须获得并重新耕耘的土地。这片土地上的秩序是存在之明晰性的条件。这是一片属于日常劳作的领地。不过，只有当作为此在的世界是终极性的时候，教养才是终极性的。若非如此，教养对于我们而言就不是"大全"，而是应当加以控制的事物。

教养最初由生存创造并承担，最终又被生存所冲破。如果教养能够自存，情形就不是如此了。唯有在生存的遗失中，世界才能获得绝对的存在。然后，一种真正的教养生活才能自发地形成，它在美学上无关利害，因为它只是静观着不断充盈的存在，视形式与圆满高于一切，而自我存在则在其中悄然熄灭了。一切对此种教养的打击，无论是抉择的尖锐化、对形式的摧毁、个体连续性的坚执、对客观性的叩问，还是例外、偶然和肆意妄为，到头来都是一场空，它们不过是消极地将根本性的自我存在转变为孤独的个体。

在哲学生活中，教养被视为一笔不断增值的财富。其中包含一切理智头脑的交流准则。存在为教养设定了界限，在这一点上，教养是有局限性的。教养愈丰富，存在的可能性便愈广阔。然而，唯有当教养对于它的每一个成员而言不仅仅是教养的时候，存在的现实性才作为生存的内涵而变得通透。生存的张力随着教养的程度的加深而增加。在原初状态中，未经反思的生存可以保持其自然的确定性；然而最高层次的教养中却有一股消解生存的力量，但同时，它也为最清晰的决心提供了条件。（Ph 204 f.）

第十七章　教育与传承

一、作为研究领域和存在要求的历史

历史。——倘若历史研究中存在着这样一种趋势，即为了将历史意识作为纯粹的知识而自外于生存的历史性意识，这将带来两重危险：一是真正的历史性从我身上消失，直至成为无尽的历史知识的残余表象；二是我意图摆脱历史性而达到一般的人类真实—— 一种在历史客观性中被奉为权威的事物。

只要历史研究服务于历史意识，那么即使在对真理的极致追求中坚持研究的批判性，这种研究也能凭借历史意识渗入曾经的生存（Existenz）。研究的原初意义在于看到每一个历史形象的存在（Sein）与上帝的直接关联。在历史认知和观察中，生存就会像从魔法礼帽（Tarnkappe）中跑出来一样，显现在观看行为与观看物中。对蕴含着生存的幽暗过往的渴慕，对深不可测的事物的敬畏，对故土的根之依恋……一切过往曾对我们具有重要意义，如今也仍属于我们的世界。追根溯源，以智慧充实灵魂，以这样的准备来理解和汲取我们的历史性。将历史意识仅仅当作客观事实，便是混淆了历史的可研究性与历史对我们的真正要求。这种混淆使得可被历史地感知的事物碎裂为无数瓦砾，而随着事件的发生，不可预知性只会越来越多，对它们的认知和收集也将失去意义。

只要历史知识服务于历史意识，过去就能保留在一种无法对象化的基础的客观性之中，唯有在这种客观性中，当下才能走向其历史性的起源。因而，并不存在一种总能为我们把握的真理效果，有的只是无尽的运动，在其中，每个当下都必须重新成为其自身。自我存在的匮乏所导致的相对性意识会人为地提升过去的价值，这是混淆了真正的伟大与看似持久的效果。浪漫主义试图弥补失去了存在的此在。而后，来源于真正的历史性的、对一切客观事物的相对化，被暴力地扭转到了它的反面：历史地认知到的事物被客观化、固化为一种具有权威的效果。

然而，假如我对历史性有所意识，我就能与陌生的历史性交流，但我无法将我之为我的东西转移到他人身上，也不能指望将他人的根基据为己有。历史性生存的真理从不是适用于一切事物的独一真理，它是一种召唤。超越于真理现象范围的对真理的绝对化，以及将一般性真理视为历史事实的根基，是对历史性生存的扬弃。它以客观效果取代了隐秘的历史性根基，似乎客观效果早已建立在历史之中；因为没有一种知识能与逻辑的普遍性和生存的历史性同一。

只要历史知识服务于历史意识，它就与历史汲取息息相关。将对伟大历史世界的观察视为已然实现的生活，是混淆的开始。如此一来，人们似乎无须当下的交流也能免于孤独。自身虚无的深渊使人战栗，于是人们委身于客观的形象，陶醉于伟人和他们的作品；伟大曾经存在过，这就足够了。赞叹的愿望在一切当下性面前破碎，当下的奇迹与丑陋一并暴露在日光之下，使那些并不生存于其中也无法使之改进的人们显得不那么协调。因此，我尽可能地抓住浮现于我眼前的历史世界，它是无尽的宁静的源泉。但这个世界始终与我隔膜，它没有进入我的现实生活。尽管我以现实的眼光接近历史世界，但历史始终因其遥远而具有无可比拟的美好。我不只是作为自己，更是作为历史的灵魂而存在，这使我满足。当下终将成为历史，在遥远的距离中——就像我们在当下观望过去——我也可能成为人们赞叹的对象。我就这样生活在陌生人之中，保持着孤独，被伟大的形象所吸引。（Ph 636 f.）

历史之镜使我们意识到当下的狭窄，它是我们衡量事物的标准。没有历史，我们将失去精神的空气；掩盖历史，将使我们遭受历史出其不意的袭击。历史上专事愚弄的幽魂始终牵引着我们。（KS 33）

在当今这个技术时代里，一切人类此在的关系急剧变化着。人们尚未遗忘传统，但传统正面临着如何被证实的问

题。（AuP 249）

二、历史汲取的要素

历史汲取。—— 一种对陶冶的敌意已经形成，这种敌意将精神活动的内涵贬低为一种技术能力，贬低为对最低限度的赤裸的此在的表达。这种态度与这个星球上的个人生活的技术化过程相关，这一过程使得一切民族中的个人生活逐渐脱离历史传统，以便将整个此在建立在全新的基础上：除了在西方造就的新世界中能找到技术上的理论依据的事物以外，其他一切事物都无法继续存在。尽管这种事物起源于"西方"，但其意义和效果却是普遍的。人的此在从根本上被撼动了。这是西方所经历过的最深刻的震动。但是，由于它是西方特有的精神发展的结果，它终究是它所属的世界的连续性中的一部分。但对于其他文明而言，它却像是一种外来的灾难，任何事物似乎都无法再以其传统形式继续存在了。印度和东亚的伟大文明民族与我们面临着同一个根本问题。在技术世界里，这些民族不得不转变社会条件，否则就会走向没落。一种对陶冶的敌意正在粉碎迄今存在着的一切，并且狂妄地认为世界此刻正在完全重新开始；在这重组的过程中，精神实体唯有通过历史回忆才能被保存。这种回忆并不只是关于过去的知识，它也是当下生活的力量。若非如此，人们可能又会回到荒蛮时代。我们时代的剧烈危机在永恒的实体面前已黯然失色，而回忆是这个实体的存在的一部分，正如它是一切时代所共有的不朽要素。

因此，对于过去的敌视，正是对历史性的新评价即将诞生前的阵痛之一。假如历史主义已成为一种不真实的陶冶的替代品，成为一种虚假的历史性，那么这种敌对便又会转向历史主义。如果回忆仅仅是关于过去的知识，那么它便不过是无数考古材料的堆积。如果回忆仅仅是富于理解力的观照，那么它也不过是无动于衷地描绘了一幅过往的图景。唯有当回忆采取了汲取的形式，才能使个人在对历史的敬畏中自我实现；而后，这种回忆才会成为衡量他情感与活动的标准，并最终成为他对自身的永恒存在的参与。回忆方式的问题，正是陶冶是否仍然可能的关键所在。

广泛渗透的习俗有助于我们了解过去。现代世界对这类习俗的关心程度表明了一种深藏的本能，即使在文化的普遍毁灭中，这种本能也仍然拒绝接受历史连续性完全中断的可能性。博物馆、图书馆和档案馆保存着过去的作品，人们意识到他们正在保护某种不可替代的事物，即使它们暂时还未得到正确的理解。如今，不同党派、不同世界观，以及不同国家在这件事上持一致的态度，这种谨慎的忠诚从未像今天这样成为一种普遍的态度，或是被如此明确地视为理所当然。在一切可能的地方，人们保护和照看着历史的遗迹。凡属古代的伟大遗物，可以说都像木乃伊那样继续留存着，成为人们观瞻的对象。那些曾在世界上发挥过重大作用的、曾有过一段共和国独立的辉煌历史的地方，如今迎来了络绎不绝的外国游客。在某种意义上，整个欧洲已成为西方人的历史博物馆。在这种历史纪念的风尚中，在种种为铭记国家、城市、大学、剧院的成立和为著名人物的诞生、逝世而设定的节日中，回忆尽管尚未获得任何内在的价值，但仍然象征着人们力图保存过去的愿望。

在个别人那里，有意识的回忆转变为一种富于理解力的观照。这种情形就像是一个人放弃了当下而返回过去的生活。那已终结的、逝去的事物仍然作为教养的要素而长久地存在着。几千年的历史图景，如同一个供人沉思的神圣空间。在19世纪，这种关于过去的观念的广泛性与客观性是前所未有的：沉思过去的热情使人们从当前的苦难中解脱出来。他们在研究前辈所成就的伟大事业时感到无比欣悦。由此，形成了这样一个教养世界：它尊崇那些只存在于关于过去的书本和考据中的传统。最初的观照者的后继者们所传承的是他们的伟大先驱曾目睹的景象的褪色的描绘。而后继者的后继者们将它当作先驱者们最初见识的事物而保存，并仍然着迷于它在理解或至少是在言辞和教学中所呈现出来的丰富性。

但是，考古的经验以及生动的理解，唯有作为当下可能的现实化的模本才拥有它们的权利。不应将历史作为单纯的关于某种事物的知识来汲取；历史也并非本不应衰亡故而必须加以恢复的黄金时代。若没有人的存在的重生，就不可能有历史的汲取。由于这种重生，历史发生了转变，因为我进入了一个精神的领地，在这个领地中我凭借自身的源泉而成为我自己。通过对历史的汲取而形成的教养，并不意图将当下作为某种毫无价值的东西而予以摧毁，从而轻易地逃避它。历史汲取的作用在于，它使我在对以往曾经达到的高度的观望中，找到自己的道路，走向当下所能追求的最高峰。

作为一种新的财富而获得的事物，也将为当下带来全新的面貌。纯粹的理解力的陶冶仅具有不真诚的历史性，那不过是一种意图重复过去的意志而已。真诚的历史性意在探寻滋养当下生活的源泉。因此，真正的历史汲取是在没有目标和计划的情况下自然发生的：我们无法预测回忆的现实化力量。伴随着历史连续性的断裂所带来的危险，现时代的状况要求我们自觉地抓住回忆的可能性。倘若对这种断裂听之任之，人就会使自身消亡。当成长中的一代人进入由机器造就的大众生活秩序时，他们会发现空前丰富且容易获取的回忆手段，诸如书籍、雕塑、绘画、建筑、纪念碑以及各种各样的其他作品，还包括古代家庭生活的日常用品。所有这一切都能使他们意识到关于自身起源的事实。随之而来的问题是，生存能在其历史性中创造出什么呢？

　　作为纯粹的认知与理解力的陶冶，可能会抱有浪漫主义的愿望，想要重建无法挽回之物，同时却忘记了，每一种历史情境都只有它自身的现实化可能。与此相对的，是一种淡薄的生活方式的朴实性。在历史沉思的领域中，这种生活方式需要的只是对其活动而言绝对必要的事物。真正的陶冶宁愿在最低限度的历史汲取中成为其自身，也不愿在一个更广大的世界中迷失。正是由于这一动力，真实之物与存在之原初性的意识才得以在历史中成熟。在这里，具有决定性意义的不只是丰富多样的价值，而首先是那个人们站在其上俯视一切时代的高峰。在今天，淡薄者与伟大者是一致的。浪漫主义的热情在与当今的此在之现实发生冲突时所必然遭逢的幻灭，正在转变为关于真实事物的、祛魅了的目光，而这种真实的事物在过去也同样丰富。（GSZ 118–121）

第十八章　大学的观念

一、大学作为特殊的学校

大学也是一所学校，但它是一种特殊类型的学校。不应将大学仅仅视为传授学问的场所，更重要的是，在大学里，学生可以在教授的指导下参与科学研究，并由此获得终身受用的学科思维方式。学生在大学里应该学会对自己负责，批判性地追随他的教授。他应该享有学习的自由。教授的职责则是通过学科传授真理。他拥有教学的自由。（Idee III, 1 f.; ähnl. II, 9）

大学的理念存续于每一位学生和教授的实践，相较而言，大学的机构形式则是次要的，如果大学的生命消解了，仅凭机构形式无法将其挽救。大学的生命在于人与人之间的关系，在于教授传递给学生合乎其自身境遇的思想以唤醒他们的自我意识。大学生总是潜心寻觅这种理念，他们做好了接受它的准备，但当他们无法从教授那里得到任何有益的启示时，便会无所适从。然后，他们必须自己去寻找理念的光亮。

只要西方的大学仍将自由视为其首要的生命原则，大学理念的实现便依赖于我们每一个人，我们要理解这一理念，并将其广为传布。

就天性而言，青年对真理的敏感度往往更高。哲学教授的任务就是向年轻一代指出思想史上最重要的哲学家，避免将他们与一般哲学家混为一谈。如此，永恒的根本思想才能在其崇高形态中呈现。哲学教授应鼓励学生对所有可知事物、对科学的意义以及生活的真义持开放态度，他必须以振奋人心的思维运作来对这一切做全面深入的考察。他应当生活在大学的理念之中，并意识到自己有责任创建和实现这一理念。对于终极界限，他不必讳言，他应当教授合宜的内容。（PuW 339）

二、危机与振兴

在各所高等学校中，大众生活倾向于毁灭作为科学的科学。科学只好迎合大众，而大众只讲求科学的实用目的，他们学习只为通过考试，以及由此带来的地位；研究工作也只在有望取得实用成果时才得到推进。根据这样的理解，"科学"仅仅成了可学事物的可理解的客体性。在过去，高校里曾洋溢着sapere aude（敢于运用你的理智）的无止境的精神追求，如今的高校却退化为单纯的学院。严格设置的课程免去了个人探索路途上可能遭遇的风险，可是，没有自由的风险，就不可能有独立的思想。结果，学生只是获得了技术专家的技能，或许还有广博的知识；博学之士取代研究者成为了今日普遍的人才类型。时至今日，人们已不再区分博学之士和研究者，这是科学衰落的征兆之一。

本真的科学，是那些自愿投身科学研究的人的高贵事业。这些自愿承担风险的人，怀抱着原初的求知意志，除非发生科学危机，没有什么能阻挠这种意志。然而在今天，若有人将整个生命投入科学研究，多少会被认为有些反常。不过，毕竟科学从来就是少数人的事业，如果一个人运用科学是出于职业上的实用目的，那么他便仍然只是一个科学的参与者，哪怕他在内心里具有研究者的天性。科学的危机根本上是人的危机——人们也将受到这一危机的影响——因为他们并没有被一种真正的、绝对的求知意志所激励。

目前，整个世界弥漫着一种对科学的误解。科学一度被异乎寻常地尊重，因为唯有技术才能实现大众秩序，而唯有科学才能实现技术。但是，由于科学只是以方法培养人从而被人掌握，人们惊叹科学成果，却并不领会科学的意义，因此，上述信念不过是迷信。本真的科学包括对知识的方法和界限的认识。但是，如果一味信奉科学成果而丝毫不了解其方法，那么，迷信就会在错觉中取代真正的信念。人们坚持科学成果所号称的坚实可靠。对科学的迷信包括：对一切能促进生产的事物怀有乌托邦式的想象，认为技术在生产领域中无所不能；相信福利是一般共同体生活的可能性，也是民主——由大多数人统治、通往所有人的自由的合理道路——的可能性；更一般地来说，它是一种将思想内容当作绝对正确的信条的信念。几乎人人都为这种迷信所支配，其力量几乎侵蚀了所有人的心灵，连饱学之士也未能幸免。在个别情况下，这些迷信似乎已被克服，但即使如此，它们也会一再重现。本真的科学的批判理性与对科学的迷信之间隔着巨大的鸿沟。

迷信科学的人容易转而敌视科学，反而指望那些消解科学的力量。相信科学万能的人在行家面前压抑着自己的思想，一旦他遇到一个徒有虚名的专家，他对科学的幻想就很容易破灭，转而听信江湖骗子。如此看来，对科学的迷信与谎言仅有一步之遥。（GSZ 137 ff.）

只有极少数人能在思考实际事物时运用真正的科学精神，这是自我存在衰退的迹象。在迷信的雾霭中，交流是不可能的。迷信破坏了真正的知识与本真信仰的可能性。（GSZ 139）

三、大学改革的任务

建筑、机构设施、讲座、图书馆，为增强师资力量而增设教师职位，关心学生以便他们能自由地、全力以赴地学习，上述这些与其他一些问题都属于物质问题，可以通过必要的经费来解决。人们反复提出需要大量资金，尤其是因为这关涉着整个学校系统。

对于德国民族的未来来说，教育的重要性并不亚于国防军事力量。因为糟糕的教育管理造成的灾难性后果可能会持续影响数十年，然而此刻，在一个饱受武力威胁的世界里，此在完全系于其受保护程度，因此，政治家、议会和政府在教育制度上投注的心力远不如他们对军队的关注。此刻，教育和军队有着比社会政治更为紧迫的重要性，而社会政治家却忙于争取选民的投票，不惜给各个团体的国民同样明显的好处以收买人心。对于整个教育制度的关心退至后台。关乎我们民族的精神—道德未来的最重要的事情，在如今的政治家眼中却是最无关紧要的。

假定目光长远的政治家能为我们争取足够多的国家资源，为我们创造必不可少的条件，但仅止于此，事情本身还不算是完成了。筹措资源是国家的分内之事，而关键在于如何运用这些资源。大学改革只能由大学中的人来决定。

大学改革涉及两项任务：首先是必不可少的建筑与设施安排，教授、讲师和助教的分工，大学组织的改造和权力分配，等等。但更重要的是，要恢复大学的力量和理念——如今它们已岌岌可危。这两项任务不能相提并论，若是真正关心新情境下的大学改革，而不是徒有虚名地维护机构组织，就必须以大学的理念为指引。

对法律与个人负责形式的反思，以及如何改变机构法规、教学类型和课程，都要尽量认准可把握的目标，但总的来说，要以实现精神生活本身、促进教学与研究的共存为原则，寻找批判和辩护的基础。上述两项任务应同时进行。前者需要人们思考和创造实现目标的手段，后者则要求人们反思大学所应具有的根本特质。唯有在日复一日的生活中实践大学之理念的研究者、教师和学生才能使其臻于完满。大学的组织机构可以为此提供机会，却无法创造出这种基本特质。

从大学改革的双重面向来看，以下两项任务不可分离：一是大学组织和建设的外部改造，二是为以新的形式重新确立大学之理念而做的内在转变。纯粹以课程实现大量知识的供给将失去大学的本然意义，同样，纯粹的观念构想也不过是不切实际的狂热。如何在可行的措施中协调二者的关系，将决定大学的命运。

精神贵族来自各个阶层，其本质特征是高尚的品德、永不衰竭的个体精神和极高的天资才性，因此，他们注定是少数。大学的理念应以这少数人为目标。总而言之，规则应从精神的原初力量中生发，而资质平平的学生则在对高贵精神的憧憬中看到了自身的价值。

不过，精神贵族只能在民主的环境中得到承认，因此，大学需与所有学生和教师的思想意志紧密相连。在表现与个性方面都十分卓越的人才，是构成大学生命的条件。（Idee III, 37 ff; vgl. PA 78–92）〔参阅 *Das Doppelgesicht der Universitätsreform*（《大学改革的双重面向》）S. 307 ff.〕

大学的革新及其观念的发展将对所有人产生影响，其可能结果是国家意识的觉醒和传布。一个真正人性的国家以实现公义为旨归，它懂得如何行使权力，也懂得如何限制权力，唯其如此，国家的意义才能深深扎根于公民的日常思考和团结中。如同一切精神生活，国家不断自我建构，在精神的斗争中彰显其自由，而各种精神以共同的使命为指引，永恒地存在于相互关联的对立中。它以各种知识充实自身，并在大学的精神创造中找到了自身的至高意识与公民教育的源泉。（HS 39 f.）

四、大学教师的尊严

大学教师是研究者。他们面对的不是中学生，而是已成熟的、自立的、能对自己负责的年轻人。大学教师要为学生树立榜样，为他们提供建议，参与他们的精神劳作。如果把大学教师当作教书匠，那就大错特错了。（Idee III, 116）

很多教师都偏爱那些不如自己的乖学生，但每一位教师都更应该遵守这一处事原则，即允许那些在他看来至少会取得与自己一样成就的学生成为院系的一员，同时留心发现那些可能超越自己的学生，首先提携他们，即使他们不是自己的学生。（Idee III, 118; ähnl. II, 67 f.）

五、学生的自由与责任

学生是未来的学者和研究者。即使是在以操作性而非理论性手段展示真理的地方——操作性手段在创造力方面并不亚于科学和学术性成果——他也能将思考贯彻于整个过程，如果这样的话，在哲学和理性方面，他终其一生都不会迷失方向。（Idee III, 81）

学生根本上拥有学习的自由。他不再是高中生，而是成熟的、高等学府中的一员。如果要培养具有科学精神和独立人格的人才，就要让年轻人敢于冒险。当然，他们也有懒惰、散漫并因此脱离学术职业的自由。

假如为助教和学生设定条条框框，那么精神生活、创造和研究便会走向终结。在这种环境中成长的人，必然在思维方式上模棱两可，缺乏批判力，也不会在每一种境况中都坚持寻求真理。自由是大学赖以生存的空气。（HS, 54）

假如我们希望大学之门向每一个有能力的人敞开，那么就应该让全国公民而不仅仅是特定阶层的人拥有这项权利。同时，也不要以一些考察特殊技能的考试淘汰了真正具有创造精神的人。(Idee III, 139 f.; ähnl. II, 104)

一系列与课程学习同步的考试使资质平平的学生获益。具有独立思考精神的学生则更倾向于在长时间的自由学习之后再进行考试。所有学生都独立自主，他们的理想才有可能实现。他们不需要导师，因为他们对自己有把握。他们聆听各种学说、观点、调查、事实和建议，为的是检验自己，做出决断。若想找一位领导者，就不该进入大学理念的世界。真正的大学生是积极主动的，他们清楚自己的问题所在。他们能够清醒地工作，并且明白工作的意义。他们在交流中成长。他们不是资质平凡的人，不是大众，而是无数个冒险想成为自己的个体。这种冒险真实而富有想象力。这是一种精神上的升华，每个人都能感到自己受到召唤而走向至高的境界。

大学生涯以一次考试收尾。这次考试的性质极其重要，其目的是使学生通过行使自己的自由来对自己进行一次选拔。如果经过严格挑选的大学生，在整个学习期间仍然要走一条学校规定的安稳之路，那么，大学就不成其为大学了。与此相反，大学的本质恰恰要求每个人在整个求学过程中尽可能地自己做出选择，哪怕是冒着最后可能学无所成的风险。因此，我们面临的最重大也是根本上难以解决的问题是，如何在大学里造就一种有利于生成这种独立选择的精神与制度气候。（Idee III, 140 f.; ähnl. II, 107 f.）

精神贵族与社会贵族迥然有别。每一个有天赋的人都应该寻求学习的机会。

精神贵族拥有自己的自由，无论是在达官贵人还是在工人中间，在富裕人家还是在贫民之中，我们都能找到他们的身影。但无论在哪里，他们都是极少数人。进入大学学习的年轻人应是全国民众中的精神贵族。（Idee III, 115; ähnl. II, 118）

精神贵族与精神附庸者的区别在于：前者日夜思考，为之形销体瘦；后者则要求工作与自由时间界限分明。前者敢于冒险，善于倾听内心轻微的声音，并在它的指引下前行；后者则需要他人的引导，要他人为自己制订学习计划。前者有正视失败的勇气，后者则希望努力就能保证成功。（Idee III, 115）

在我看来，学生联合会是一个严峻的问题，因为它为大学生活奠定基调，且享有最高的威望。问题在于学生生活和学习的自由；这种自由只能在自发的友谊和对个人精神道路的自我意识中形成。然而，在我看来，学生联合会是一种强制的联结，它将学生的时间和精力耗费在无价值的事情上，建立起一种由归属感带来的自信。他们不再由精神冒险和对学习生涯的责任中萌发自我意识，而是听任所偏好的社团给自己设定生活目标，屈从于老一辈的幸福观。他们不再独立思考，而是在一种内心的不安中，任由传统观念塑造自身。由于这些学生脱离了时代的精神运动，他们不能算是真正的大学生。我青年时代的经验和之后的观察教会了我如何从大学学生组织中看出德国大学面临的厄运。这些组织已再无一丝往昔的精神气息，那种精神曾在独立战争之后促成了学生兄弟会（Burschenschaft）的形成。如今的学生组织中再无真正的教育可言，它不过是一种社会类型的翻版。而我本人则最痛恨这种社会类型。（PuW 330 f.）

第十九章　大学的任务

我们认为，大学的任务有四：首先是研究、教育与职业课程，其次是陶冶与教化，第三是充满精神交往的生活，第四是学术的宇宙。

1. 只要大学想通过科学来追求真理，那么研究就应该成为大学的根本任务。这一任务以传承为先决条件，因此研究工作离不开教学。教学是对研究进程的参与。（Idee III, 64）

2. 真理高于科学，它涵盖人类存在的要义——我们称之为精神、存在、理性。人们通过科学把握真理。因此，大学的理念也意味着更多：学术研究与教学都服务于生命的成长，它们是在各种意义上对真理的呈现。

在恰当地传授知识和技能的过程中，整个人的精神成长已悄然发生。因此，把传授知识的机构与教育机构分离开来是荒谬的。一些大学里专门的教育学院（Bildungshochschule）仅起到教化作用，并要求所有学生在开始正式学习之前都接受此类教育，像这样的教育仅仅是抽象的概念；从教学中抽离出来的教育不成其为教育，而不过是以传统中的宏大字眼培养一种脱

离现实的审美精神性。(Idee III, 64)

3. 大学任务的实现还需依靠思考者之间的交往：学者之间、研究者之间、师生之间、学生之间，以及在个别情况下，学校之间……(Idee III, 65; vgl. II, 38)

4. 科学就其本义而言趋向于一个整体。(Idee III, 65)

这四项任务充实着大学的理念：大学是研究和传授科学的殿堂，是陶冶教化的世界，是个体间富有生命的交往，是学术的宇宙。它们互相扶持，从而使彼此变得更有力量、更有意义，也更清晰。从大学的理念来看，这四项任务是合一的，将任何一项从其他三项中剥离出来，势必损害大学精神的实质，也必然殃及这被剥离出来的一项本身。每一项任务都是大学理念生命整体的一部分。(Idee III, 65; vgl. II, 40)

一、研究、教学与职业课程

1. 研究的态度

知识进步的前提，以及孜孜不倦的工作包括三个方面：

（1）狭义的工作是指学习和操练，是拓展知识面、掌握方法。这是其他一切的基石，比其他一切都更需要纪律和程序，它是最花费时间的，但只要人们愿意，这种工作随时可以展开。通过这种工作，我们造就我们的工具，找到适当的方法来表述并确认任何新发现，同时也可以为那些仅停留在猜想阶段的事物提供切实的证据。任何人都不能忽视这种艰苦卓绝的劳作。每个学生都应立即开始这项工作，就像他们在学校里所学到的那样。（Idee III, 66; ähnl. II, 40 f.）

（2）如果工作并不仅仅是简单的、无休止的埋头苦干，那么除了一腔热忱之外，还需借助其他东西。那些突如其来的、即使并不十分正确的念头赋予研究工作以重要性，推动研究者前进。但这些念头只在持之以恒地工作的人那里生长、成熟。"灵感"捉摸不定，来去无踪。（Idee III, 66; ähnl. II, 41）

（3）比单纯的劳作更重要的是，学者和科学家都应具备一种"智识的良心"。他一方面意识到，任何时候都需要运气和正确的直觉，但与此同时，他也应当从良心出发，对自己的工作有所掌控。无的放矢的辛苦劳作、单纯的感觉、单纯的赞许和振奋，只要它们不能成形或转变为行动，都无一例外与"智识的良心"相悖。研究者应从整体的角度看待偶然事件，追寻事物内在的连续性，避免节外生枝。但当他的良心驱使他更深入地追随某些"灵感"时，那么他也确实需要打断原先的思维逻辑，锲而不舍地追随这个新的想法。不过，频繁地另起炉灶或是一条路走到黑，都不应是他的作风。（Idee III, 66 f.; ähnl. II, 41 f.）

2. 研究的内容

认知需有内容。包罗万象的认知不放过任何事物。精神性本质上是生机勃勃的。

大学里要有一脉精神生活之流作为思考的背景，它难以掌控，无法凭意志或组织机构人为地产生，它是一种个人的、隐秘的命运般的存在。由此，各种学术团体和朋友圈以一种难以预料的方式形成，它们来来往往，出现又消失。如果这种人类心智意义上的生命元气不再在大学的血脉里鼓荡，学究只做文献考据而不探讨哲学，只有技术实践而没有理论，只有无尽的事实而没有理念指引，只有学科纪律而不再有精神，那么大学就岌岌可危了。（Idee III, 67 f.; II, 42 f.）

3. 研究与教学

只有在科研工作与知识的整体保持经常性的联系的前提下，研究工作才有意义且富有创造性。（Idee III, 68; II, 43）

最主要的是，教学需要科研工作提供至关重要的内容，这是教学工作的财富。因此，科研与教学的结合是大学至高无上而不可放弃的基本原则。这并不是因为人们出于经济的考虑，通过提高工作频率来节省资源，也不是因为这种联合能为研究者提供物质上的保障，而是因为理想中，最好的科研人员也是最优秀的教师。他能够独立地引导学生接触到真实的求知过程，接触到科学的精神。他自身便是活灵活现的科学，在与他的沟通中，可以看到科学存在的原初形态；他在学生心中唤起了同样的激情。只有那些亲身从事科研工作的人，才能够真正地传授知识，而其他人不过是在传递一套教条地组织起来的事实而已。

与我们主张研究与教学相结合的观念相反，经验似乎表明：一个有研究天分的人不一定具备当教师的才能。对此，马克斯·韦伯举出了亥姆霍兹与兰克的例子，认为他们是糟糕的教师。另一方面，"让没有受过教育但天资不错的人理解科学问题，让他们独立思考而有所领悟，这或许是最困难的教育工作了"。此外，讲课效果并不取决于听众多寡。一些学者在研究上有不错的天赋，却缺乏讲课的经验，往往难以收到满意的效果。（Idee III, 68）

研究者自身的在场，可以以多种方式产生教学影响。（Idee III, 69）

4. 学术训练和专业训练

大学提供职业培训，其理念唯有通过人才能实现，而其基础是科学素养。这就需要一种不同于特殊职业训练的科研工作和方法的教育。为特殊职业做准备的最佳方式并不是死记硬背一个封闭的知识体系，而是培养与提升科学思维能力，如此才能为此后将伴随终身的精神—科学训练奠定基础。大学只能为职业训练奠定基础，而真正掌握技能需要实践。大学应尽可能为这种需经过终身实践才能实现的进步提供条件。年轻人应当在学校锻炼发问的方式。他必须沉潜深入到知识的根基，系统全面地把握专业的某一方面，而不必将行内的研究成果照单全收，就像愚蠢的考试所要求的那样。考试一旦过去，这些知识就会立刻被遗忘。起决定作用的不是已学到的知识，而是判断的能力。知识本身并无助益，我们需要的是凭借自己的主动性获取必要的知识的能力，以及从不同角度思考事物的能力。这种能力无法从知识记忆中获得，而是来自与实际科研工作的接触。这么说并不是反对学习技术、反对大纲要目，只是这些东西可以留待作为书本学习的内容。

在理论学习过程中尽可能多地涉足对日后实践有用的材料，这固然是有意义的，但即使如此，最重要的因素仍然是领会问题及提出问题的能力、方法的掌握，以及活跃的精神。培养研究者与培养专门职业人才，是同一回事，因为当一个职业人员认真履行职责，遵循科学方法思考，他就是一个研究者。研究者发现新的普遍有效的认识，固然是一项壮举，但这一行为本身与职业人员在实践中摸索正确方法的行为并没有什么不同。（Idee III, 69 f.; ähnl. II, 44 f.）

大学奠定了双重基础，一是种下了终身思考、求知的幼苗，二是灌输一种对追求知识整体性的忠诚。这两方面对于任何精神职业都是必需的，因为这些职业所要求的并不仅仅是技能的操练和例行公事的专业性。医生、教师、行政人员、法官、牧师、建筑师、贸易商人、组织负责人，从他们特定的职业角度来看，都与整全的人、与整体的生活状况相关，尽管各自的面向不同。倘若其中哪一种职业疏于促进我们与整体的关联，疏于培养我们的理解力，疏于向我们展示广阔的视野，或者疏于训练我们从"哲学"角度思考问题，那么，这些职业的训练就是不人道的！一个人在国家考试中的缺陷，可以在将来的工作实践中弥补，但如果缺少了科学教育的底子，这种致命缺陷却是无法弥补的。(Idee III, 71 f.; ähnl. II, 45 f.)

5. 教学的形式

从外在形式来看，我们有演讲、练习、研讨会、私人参加的小组讨论，以及两人对话，等等。

自古以来，**演讲**是最常用的教学形式。演讲可以传授知识，听众还可以目睹这些知识如何被组织起来。

很难确定演讲的优劣标准。好的演讲具有不可模仿的独特品质。演讲者的态度可能迥然相异，但这并不影响演讲的价值。有的演讲在技巧上以听众为主，试图吸引听者；有的演讲则只是对研究成果作独白式探讨，几乎不考虑听者的接受能力，但正因为此，却让听者也自然而然地参与了真正的研究工作。最特别的是那些全盘介绍整个学科的演讲。这些演讲必不可少，因为当人们一味地在细节上精雕细琢时，它们鼓励人们一览全貌。（Idee Ⅲ, 72f.; ähnl. Ⅱ, 53f.）

唯有当演讲真正成为一个教授日常工作的组成部分，唯有当演讲是经过精心准备的、且能从独特的角度反映时代精神时，它才是有价值的。

这样的演讲在传统教育中无可替代。一些杰出学者发表演讲的情形，可能会使人铭记终生。而印刷出来的讲稿，即使是逐字记录的，也不过是一种残渣。的确，演讲中有价值的部分，其内容仍以印刷品的形式流传着。但这些内容在演讲中却是以另一种方式呈现的，它能间接地表达出它所来自且服务于的大全（das Umgreifende）。在演讲中，语调、手势以及思维活灵活现的呈现可以营造一种氛围，这种氛围只能通过口头语言、通过演讲而无法通过简单的对话和讨论显现出来——由此，演讲者可以在不经意间将"可意会不可言传"之物表露出来。演讲中的具体情境也会在教师心中唤起一些东西，此时，他的思想、他的严肃、他的震动、他的困惑，一切都发乎自然。他让听众真正参与了他内在的精神生活。但一旦刻意为之，演讲的巨大价值就会烟消云散，剩下的只是装饰、辩才、狂热、做作的语词、煽动和无耻。因此，一场好的演讲并没有一定之规，唯有将演讲视为自己职业道德和职业生涯的至高点并且杜绝一切矫揉造作才是正道。（Idee Ⅲ，73f.；ähnl.Ⅱ，54f.）

我的演讲和研讨会绝不是独断的。因为我的研究仍在进行之中。习惯于顺从的学生反映，我讲课杂乱无章，好像一个从未受过哲学训练的人。但另一些学生则为之着迷，因为他们在这种氛围和可能性中发现了一个从未经验过的世界。我的演讲对于我来说是研究过程中的一步，而不是对确定无疑的知识的复述。（PuW 315）

凡是我在人际交往、学院会议、报纸、街头巷尾或旅行中的遭际，尤其是对我喜爱的人及其命运的沉思，都会融入我的演说词中，成为难以察觉的思想来源。在大哲学家那里清楚意识到的东西，必须从眼前的真实事物中获取。细微而看似偶然的事件，往往使人豁然开朗，顿悟其奥义。此项工作虽然在计划和人为掌控之中，但还需要另一种因素，它的效用才能发挥出来：那便是梦。我时常眺望风景、仰望天空、观察云彩，常常坐着或躺着，什么也不做。任幻想无拘无束地奔驰，唯有沉静的思索才能使冲动发挥效用，否则任何工作都会失去目标，变得空洞繁琐。在我看来，谁若不是每天给自己一点做梦的机会，那颗引领他工作和生活的明星就会黯淡下来。（PuW 317 f.）

通过**练习**，即借助工具和概念在具体语境中处理材料——自然与人工的作品、实验与文献——可以将方法化为己有。方法亦可随参与者自身的原创性而扩展，这一点在手工艺中表现得尤为突出。在这里，我们不再讨论各个学科在运用技术手段时的相异之处。今天，我们在很多情况下仍然沿袭了教条的传统，但那不过是课程的骨架。

练习应当能使学生直接接触到事实和知识的根源。本真的教学与一般教学匠式的教学有根本差异，其中最大的差别在于：真正的教学总是间接地顾及整体，虽然偶尔也会搬出教材，让学生知道什么是应该复习的重点。但对于学生来说，最重要的是通过参与最新的研究工作来练习理解能力。学生需对书本上现成的事实和问题做一番彻底的研究，这种研究会激发他们的好奇心，如此，学问才不会囿于纯粹知识的范围。纯粹阅读教科书使人昏昏欲睡，而固守某一对象又使人感到束手束脚，唯有两相结合，才能相得益彰。

最后，讨论也是教学的一种形式。在所有成员积极参与的小范围讨论中，原则性问题可以在无旁人的情况下得到毫无保留的激烈辩论。教师与学生——按照大学的理想——是站在同一个层面的，他们共同致力于使精神在更清晰、更有意识的形式中把捉当下，彼此激发兴趣，然后在各自寂寞的独立劳作中取得客观的成就。

大学教学不应以一定之规来约束，它总是带有并非刻意为之的个人色彩。真正的个人色彩是通过理想专注于事实而显现出来的。教师个人独具的特色和当时教学的特殊需要，使得每次教学看起来都有所不同。

　　给一群普通学生上课与给少数天资聪颖的人上课，情形迥然不同。大学不同于高中，高中教学总是将知识交给所有托付给它的学生，大学则无此义务。大学教育针对的是一些经过特殊选拔的学生，他们为异乎寻常的精神意志鼓舞，且具备足够的资质。然而事实上，报考大学的是一群受过高中教育、具有一定知识的普通人，因此，淘汰选拔的工作要由大学自己来完成。未来大学生最重要的品质应当是具有面向客观性的意愿和准备为精神追求接受任何牺牲的精神。但这些品质难以预先从即将进入大学学习的高中生身上辨识出来。只有少数学生拥有这些品质，同时，这些品质又以一种完全无法预知的方式分布在不同阶层的人群中。不过，它们可以被间接地培养并发挥作用。大学要想达到自己的理想标准，就应首先将精力倾注在这少数人身上。真正的学生，能在精神发展不可避免的困难和试错中披荆斩棘，善于选择的资质和自我约束的精神会指引他找到自己的发展道路。我们必须有足够的心理准备来接受这样一个事实，即：其他大多数学生会茫然不知所措，因为没有了中学时代教师的耳提面命而什么也学不到。像教学大纲、课业的其他技术性方案这类人工指导方法，是与大学的理念相抵触的。有人说：来到我们这里的大学生必须学到一些东西，哪怕是顺利通过考试的技巧和知识。这个原则对于中学或许适用，但对于大学来说，则祸害无穷。

不过，大学教育也不能仅仅围绕几个最优秀的学生。埃尔文·罗德（Erwin Rohde）说：一百个学生中，有九十九个对老师的话不甚了了，而第一百个则可以不需要老师。如果事实果真如此，那真是无计可施了。科学研究依赖于少数人，而不是平庸之辈。大学教育不应只针对少数天才，也不应针对普普通通的大多数，而是应该面向这样一些人：他们一方面能够自立，能够积极主动地处理问题，但同时也需要接受教育。

附带教材的课程——不同于中学教学——或许是必不可少的，但具有引导性的大学的做法有所不同。对于那些资质平平、学习积极性又不高的学生，开设一些难度稍许高于他们接受能力的讲座和研讨班，也胜过以过分简化学习内容为代价换取他们的充分理解。除了参与课堂，独立的阅读与实验室观察、材料搜集与游历，也都可以作为学问的来源。一旦以最优学生的程度作为标准，一般学生也便会按照各自的能力竭尽全力。如此，所有人都会受到激励，取得最好的成绩。

设定教学计划和教学程序是必要的。对于初学者来说，循序渐进地听课很重要。但这仅仅是帮助学生听课的建议，并不限制学生听课的自由。但若强制学生听课和参与练习，大学的学习就过于死板了。学校会成天想着如何以统计学的确定性得出令人赏心悦目的平均数字。这将导致大学的破产。扼杀学生学习的自由，就是将精神的生命一并扼杀了。精神的生命是以无数失败和挫折换取的偶然的成功，这是平淡无奇的作为所无法实现的。

无论是老师还是学生，一旦被束缚于课程表和教学大纲、考试和普通标准，就没有什么乐趣可言。一种缺乏创见而又令人沮丧的常识氛围，或许可以令人掌握技巧和在考试中有用的事实性知识。但是，这样一种氛围也扼杀了真正的认识，扼杀了科学研究中的冒险精神。（Idee III, 74.; ähnl. II, 55–58）

首先，是课堂、教材、内容、知识以及参考资料。在哲学系里，则是学习哲学史，学习有关各种观念的知识。这些都可以从课堂中获得。其次，是参与教师的思考活动，参与研究和论证工作。这些都是进入哲学思考之门的必经之路。用康德的话来说，我们不是在学习哲学知识，而是学习怎样进行哲学思考。第三，是克尔凯郭尔所说的间接传达，也就是把内心始终感受到却难以直接言说的、引导个人精神前行的东西转化为可言说之物。

我们将上述三个层次区分为：学习哲学知识、参与哲学思考、使哲学思考转化为日常生活。问题是，其中哪一个层次属于大学？我认为，大学教学应兼顾这三个层次。若要使哲学真正地发挥功用，就必须通过哲学家为这三个层次的教学赋予活

力。(P 27)

也是在这个意义上，康德于 1765 年对他的读者写道：学生应该学习的是思考活动，而不是思考的结果，"离开了辅导课的学生习惯于自主学习。他们目前应该学的是，进行哲学思考"。历史和数学与哲学不同，它们是以一种完整的知识形式出现在我们眼前的、可学习把握的知识。"学习哲学，首先要有一套现成的哲学体系。比如，可以抱着一本书说，看吧，这里面有智慧和可靠的理解！"这种想法是极其错误的。如果我们不去拓展年轻人的理解力、培养他们独特的洞见，而是将一套伪称是"世界智慧"的知识教给他们，那我们就误用了教育制度。(GP 564f.)

假如我能说什么是哲学，那么我也就无须再研究哲学了。哲学是一种整一的、照亮我们一切经验、指引我们行为的事物，它时常以批判反思的目光注视我们与我们的感觉。它使我们有勇气接受命运的安排以及我们自身的可能性。它教会我们直面现实中的幸与不幸，以通透的目光看待它们，就仿佛它们来自别处，而不是沉溺其中。

这是不可教的。但哲学思考可以为之做准备。它为我们带来一种难以名状的内心状态，姑且称之为"哲学式的准备"。或许，我们可以甄选大哲学家的思想，在听众愿意接受的时候以适当的方式讲解这些思想，让它们发挥作用。听众铭记于心的思想会在适当的时机化为一束精神之光，引导我们在黑暗中摸索前行。换言之，哲学之思开启了我们与生俱来的生命之眼。（P 35）

6. 教学与学校

哲学思想活动之所以能存续两千五百年之久，主要是靠几位大哲学家，他们有各自独一无二的标准，这是哲学活动的起源，也是它的巅峰。其他哲学家则以此作为思考的出发点。然而，只有他们带着自身的原初性时，他们才能融入这个源头。也就是说，只有内心带着火花的人，才会被传承下来的真理点燃。

哲思活动是真实性与原初性的结合，因此，哲学的真理不可能被简单地学习和接受。将哲学思想化为己有，本身既不代表进步也不代表退步，它是能够唤醒自身的、具有繁殖力的哲学式思想活动的表征。

当我们在大哲学家身上寻找自身原初性的源头，并通过其学说领悟内在的精神时，这种带着个人色彩的哲思活动的表达，便会发展出一套系统的哲学，它绝不是大哲学家房间里的一幅小画；它是并非原创却具有原初性的哲思活动的工具，是与大哲学家进行精神沟通的媒介。这样的哲学在每个时代都要寻找它新的表现形式。凡是通过汲取和传授而找到了自己的人，即使对那些旷世稀有的哲学家保持无条件的尊崇，也不会将自己与他们混为一谈。

汲取的前提是将哲思活动当作客观形象，而要理解认知工具，就要不可避免地使哲学成为一门学科，这样一来，哲思活动就可能遭到悲惨的误会。

大学涵盖了所有学科，通过研究和理解活动来实现知识的可能性，把握一切事实与结构，其内在精神表现在每一位研究者与学者的哲学思考中。这"比科学更高"的东西能在科学中发挥作用并赋予其意义，使不同学科之间产生根本的相互关联。大学的发展完全取决于这一整体的心灵的丰富程度。

因此，在大学里开设哲学课程很有必要，它是保存科学和哲学传统的条件。学校传授概念、分类和定义，教授思想方法、阐释学技巧和历史知识。这是进行哲学思考的前提，除此之外，教师还需提醒学生注意倾听往圣先贤的声音。哲学课并非哲学真理，而是提供一些准备条件，以便学生能够通过智性的纪律获得真理，并教会学生如何充分而精准地表达他所感知到的真实。

哲学教学是传承哲思的形式，但它只是一种过渡形式。它来源于持续交流的历史必要性，但若将真理作为一种功能，或是作为一种结晶的形态，那么它就会使人误入歧途。一旦哲学成了一种客观可知的内容，它便走上了自毁之路。哲学思考在经过这一关时，每每有丢失其本源而退化成一种空洞的客观事实的危险。

如果人们已倾向于在教学中寻找一些固定的东西，从自我存在的重负中解脱出来，那么哲学一定就会使学校更加失去哲思活动的基础。哲学可能堕落为这样一种活动：人们凭借哲学赢得声誉、谋求职位——哲学向来是社会科学机构中必不可少的职位。而那些不再冒险，不再同世界、他人以及历史传统发生真实接触的人，便会把哲学当作一门固定学问，一门可以学习、可以通过智力操练而增益进而传授的学问。

这种活动，作为历史教材的传统，作为对哲学炼金术之沉淀物（capita mortua）的保存，是必不可少的。但是，倘若在教学中将某些哲学流派构筑为科学真理，那么错误的端倪便开始滋生了。在这样的教学中，学生与真正的哲学家失之交臂，却自以为接近了真理。他们像引用自己的"哲学学会"会员的言语一般引用先贤的话语，在谦卑的姿态中有一种确信，似乎哲学活动应当是片段式的，需要通过分工来推进。

因此，如果一个人是以创立学派为目的来做哲学的话，那么他的思考就是无本之木。因为他不是将哲学视为一门科学去研究，而是误认为只有自己才真正占有了这门学问并将其带上了正确的道路。他或多或少割裂了哲学与世界观；在他看来，哲学是普遍性的主张，而世界观则是多种多样的；没有世界观，哲学仍是可能的。他要求旁人承认他的学说，仿佛其他人从事的都不是哲学。在他身上根本缺少能够帮助他进行哲学思考的自我存在，他靠否定他人、保护自己而生活，他十分重视自己支持的事情；它必须毫无疑义地被保留，或是成为世上事物的独一学问。

即使一位教师以其原初性的哲学思考表达了一些言之有物的思想，但假如学生只是将教师的学说和方法全盘接受，那么所获得的也不过是一些表面的东西。哲学史对哲学思想之变迁的讲述，结果也成了一些空洞观念的运用和方法的游戏。学生具备了一种历史功能，即保存一位大哲学家的作品；或是变换大哲学家的思想结构，为其思想的阐释带来新的启示；或是在自己的本质与大哲学家的本质之间做一比较。遗憾的是，他们无法进行哲学思考，因为哲学思考是绝对自由的自我存在的独特表达。

一般来说，这种将哲学作为一门专门学问来传授的学校会使教师形成一种态度，仿佛他们总是在许诺，却从不兑现。因为他们无法传授客观的、绝对的真理。而学生则渴望从书本中一字一句地占有哲学，并以此为满足。但如果教师和学生都如此竭力地试图抓住一些东西，哲学也就停步不前了，他们实际上一无所获。

唯有那些作为原初自我存在的人才能在真正的哲学思考中

相遇并紧紧联结在一起。哪怕冒着失败的风险、向人迹罕至处无助地寻求整体的真实，也胜过给哲学思考加上一个学术头衔，使它埋藏于迷信科学的庸俗行列中。如果哲学传授必然与学校教育相伴而行，那么就应当以蕴含着哲思光辉的文字吸引初学者，鼓励他们凭借一己之力去冒险。哲学就是在不断的迷失中不断寻回自己。哲学不同于其他学科，它无法向旁人请教，而只能在哲学生活本身中获得启示。原初性的哲学思考者通过思考而获致超越思考本身的自由。他们不愿在探求关于一切，即存在本身的活动中，寻求勉强的知识。

因此，真正的学校应当营造一种哲学生活的氛围。个人通过哲学思考来选择他们亲近的哲学家。这样的学校不会以某一位大师的思想为准绳。人们聚集在一起，但每个人在本质上都是独立的，自由是使他们凝聚的唯一力量。一个精神自由的人能辨认出另一个自由的人，即使他与自己观点相左。人们会找到哲学上真正的对手。即使两人观点针锋相对，也始终彬彬有礼，他们渴望成为朋友。因为，在更深的层面上，他们同属一个充满自由可能性的共同体。这样的学校延续了自古希腊以来西方哲学思考的氛围。

在这样的学校中，由制度所保障的哲学传统仍是自由的；它并不意在以完整的学说形式流传下去，而只是提供一些哲学的准备，希望能唤醒他人的自我。如果我们容忍那种一味寻求依附的学生习气，哲学就堕落了。因为由自由的心灵所生发的对他人的爱只允许彼此间平等的交往，它是一切可能性的保障。（Ph 245–249）

二、陶冶与教育

我们在探讨科学的意义时，遇到了一件比科学本身更重要的事，即科学的基础和目标。它们无法从科学自身中寻求，却引导着科学的进展。没有它们，科学将变得空洞无物。

科学的意义在于，它是包罗万象的精神的一环。它由个人的自我存在所孕育，归属于自足的、无所不包的理解力。

假如我们将精神、存在与理性的现实统称为精神生活，那么我们就可以说，以科学为其直接任务的大学的真正活动，在于它丰富的精神生活，大学借助有秩序的分工合作从事科学研究，追求各种意义上的真理。

科学世界的奥秘在于：科学的意义不是只凭理解力或看得见的成就就可以决定，它飘荡在科学世界的上空，从而超越了每一种有限知识的固定内容。大学的功用是运用各种方法激发精神生活，这是众所周知的事实。人们对大学提出的陶冶与教育的要求，就是清楚的证明。（Idee III, 78）

大学教育在本质上是苏格拉底式的教育。它不是一种全方

位的教育，与中学教育也有所不同。（Idee II, 50）

大学生是成年人，而不是孩童。他们已经成熟，应该完全能对自己负责。教授不会再给他们布置作业，也不会针对个人进行指导。通过自我教育获得内心自由是大学教育的至高善，它与历史上闻名遐迩的僧侣教规和军事专门学校的训练格格不入。刻板的训练和领导权威无法唤起学生原初的求知欲，它妨碍独立个性的发展，而独立的个性除了上帝以外，不承认还有其他真理的来源或纽带。（Idee III, 86; ähnl. II, 50）

大学教育是一个潜移默化的陶冶过程，目的是为了获得一种意义深远的自由。它有赖于对大学学术生活的参与。

教育不是一项孤军奋战就能完成的任务。这也是为什么在论述科学研究与教学不可分割的原则之后，我们必须立刻指出的第二条原则，即科学研究与教学也无法从作为一个整体的陶冶过程中分离出来。科学研究与职业教育都具有教育学上的功效，这正是因为它们都不只是传授事实与知识而已，而更是唤起一种统一性的意识，培养一种科学的态度。当然，这样一种充满活力的智力培育相较于对整全人格的培养而言仍稍显逊色。但即便如此，大学教育对于培养整全人格来说，仍是不可或缺的。

无论是不着边际的还是僵化刻板的道路，都无法实现大学的理念。但就一个完整的人的形象而言，理性和哲思能引起人无限探究的欲望，并在人成长的过程中形成一些特殊的性质：这些特性在严格意义上提升了一个人的人文素养，即罗马人所说的 Humanitas：能听取辩论，富有理解力，能兼顾他人的观点来考虑问题，诚实，自律，表里如一。（Idee II, 50f.）

通常所说的技能培养（有别于全面陶冶）只是陶冶过程中的一环，其目的在于通过特殊智能的训练而使人胜任某一职业。（Idee II, 33）

原初的求知欲反对自我满足的、自以为已臻于完善而心安理得的单纯教养；反对空洞的智性和无信仰的人生态度，因为怀着这般态度的人什么也不愿深思；也反对那些认为所谓知识就是将事物的结果学习吸收的温和派。唯有可推进研究的知识才能使原初的求知欲感到愉悦。这种求知欲追求可知事物的极境，直到踏上通往超越世界的跳板才感到心满意足。（Idee III, 47; ähnl. II, 20）

然而，这种理想的自由生活也有其"危险的"后果。因为这种生活完全需由自己负责，学生被迫转而仰仗自身的力量。教师的传授是自由的，因而，学生的学习也是自由的。没有控制学生的权威和学业监督。大学生尽可在自由中堕落。人们常说，想要看到一代人的成熟，就必须让年轻人经历风险。当然，在经院式的教学中，狭义的学习方法练习也有其适当的地位，但是学生可以自由地选择在多大程度上接受教师传授的知识。从理念上看，教师和学生之间的结合含有某种苏格拉底式的平等意味，双方之间不存在权威等级，其注重的标准也是一致的。我们一起工作，听从共同的职责的召唤，彼此激发以期达到思想与技巧的最高境界。我们的敌人是悠闲舒适。我们对超越的事物怀有共同的原初渴望。对于那些以自身存在对我们产生巨大感召力的伟人的热爱引领我们飞升。但即使如此，师生间的结合仍是苏格拉底式的。没有谁会变成权威。即使是面对悬崖峭壁的沙粒，也是独立而自由的；因为哪怕是沙粒，也拥有自身独特的本质。承认某人是精神贵族只意味着他可以对自己提出要求，而绝没有给他高人一等的特权。有一种基本意识将大学里的所有成员——教师或学生——融合为一体，即仿佛受到一种共同的召唤去从事最伟大的事业，但另一方面始终承受着不知自己能否成功的压力。因此，最好的态度是以此反躬自省，严以律己，同时，不必过分期待得到外界的认可。（Idee III, 86; ähnl. II, 52 f.）

三、交流

大学将投身于科学学习和精神生活的人们聚集在一起。Universitas（大学）的原初含义是教师与学生的共同体，这与它作为所有学科的统一体的含义是同等重要的。大学的理念要求人们怀着开放的心态彼此联结，使个体在全体中获得滋养。交流不限于科学专业范围内部，还包括个人科学生活层面的交流。那么，大学就应该为学者提供条件，使他们能与同行和学生一同开展直接的讨论和交流。这种交流最终一定是苏格拉底式的：向彼此提出富有挑战性的问题，彻底敞开胸怀。

富有精神成果的交流可以是两人之间友谊的形式，也可以是爱情与婚姻的形式。在此，我们不再赘述友谊对精神发展的重要性（比如格林兄弟、席勒与歌德、马克思与恩格斯），也不再赘述婚姻对精神发展的重要性（比如谢林夫妇、约翰·密尔夫妇和勃朗宁夫妇）。我们只讨论大学的任务。

大学是一个不计任何条件地探求真理的地方。一切研究都必须为探索真理服务。追求真理的强烈精神必然会在大学营造一种紧张感，而这正是大学发展的必需条件。由于具备共同的精神基础，这种有时导致精神斗争的紧张气氛是有意义的。真正的学者，即使在论战最酣时，也会彼此保持紧密联系。

大学的师生对真理的探求可以不必承担任何直接的实际责任，他们只对真理本身负责。研究者为真理而斗争，但彼此之间绝没有生活的竞争。他们的竞争表现在研究尝试的层面，并不危及个人生活。

正因如此，一个人对于自己的观念所产生的后果和自己观念的现实应用承担着更大的责任，无论这些观念是对、是错，还是对错参半。观念所产生的后果是难以预料的。然而，意识到这种无法预料的后果，却可以使负责的思想者变得更加谨慎。黑格尔曾说："理论工作具有比实践工作更大的影响。革命一旦在观念中完成，现实就不可能原封不动地维持下去。"尼采看到了这种责任，并为之战栗，正是他以最激进、最具破坏力的形式将他的每一个观念都投入到现实世界中。他为极端的魔法所陶醉、震撼，他向着时代的空洞呐喊，却没有听到回声。

有两方面因素可以提高交流的质量：一是排除直接的此在之利益（Daseinsinteressen）的考虑，从而可以不受任何限制地进行实验；二是承担起思想的直接责任，这种责任，在交流的氛围中比在孤独的、没有受到任何诘难的情形之下，会表现得更加强烈。

以真理为根基的表述和观念都会在人们身上发挥作用。交流就是通过真理的效力来检验真理本身，它使得大学成为一个为真理而生活的地方。因为大学不是指挥所，它绝不可与那些按部就班的学校同日而语。

因此，大学中的精神交流方式就是，所有大学成员都负有精神交流的义务。当大学成员谨小慎微地断绝彼此之间的往来时，当交流仅仅成为社交礼节时，当实质的精神联系被日常俗套弄得模糊不清时，大学的精神生活就开始走下坡路了。有意识地反思交流的本质，或许可以促使交流的展开。（Idee III, 88 f；ähnl. II, 59 ff.）

团体交往的氛围，为孤独的科学工作者提供了极佳的准备条件。（Idee II, 59）

1. 辩论与讨论

在学术圈子里，交流是通过讨论来维持的。我们互相告知自己的发现，希望得到证明或是受到质疑。这种真正的交流，表现为双方在某些特定问题上互不相让，最后或许会发展为某种终极质疑。在此，我们对辩论和讨论做一区分：

（1）在逻辑辩论中，总是预先设定某些固定的规则。依据这些规则以及矛盾律，我们就能合乎规范地推导出某些结论，击败对手。在中世纪就已发展出了一套辩论的规则，用于有组织的社会团体中。

在公开场合展开的辩论带有智性角逐的色彩。大众的情绪和关注点，在于谁能获胜，而不是辩论的具体内容。自古以来就有数不胜数的逻辑辩论技巧，运用这些技巧的目的不是证实真理，而是征服对手。根据这样一条原则：contra principia negantem non est disputandum（无论如何，都不能与否认辩论规则的人辩论），这种力量角逐型的辩论——它根本上无意于追求精神的完整性，而只着意于对逻辑形式的澄清——最终总是无一例外地使交流戛然而止。

（2）作为精神交流的讨论没有什么最终原则，或是直到分出胜负之前都必须坚守的固定立场。无论是自己还是对方信奉的讨论原则，都是在讨论中逐渐形成的，双方会逐渐明白对方真正的意图。倘若先前的见解没有什么不清楚的地方，那么，每个已建立的原则就会成为接下来的讨论的起点。每一方都要澄清自己涉及的大前提，这样，共识就会在讨论过程中逐渐浮现。讨论没有终点，也无所谓胜负。那些似乎是"正确"的人，也会对自己的正确性心存疑虑。任何一个已经得出的结论都不过是前进路上的垫脚石。

真正没有限制的讨论只在无旁人在场的两人之间才能展开。任何第三者都是干扰因素，容易将讨论转变为一场激发权力本能的逻辑辩难。不过，我们也可以在一个更大的圈子里展开讨论，让其他人受益。这可以为两人此后进行更深入的讨论奠定基础。我们可以阐明自己的观点和立场，不同意见会相继出现，但要注意，不要立即展开相互讨论，这种讨论只有在可以迅速交换个人意见的场合中才会富有成果。因此，多人讨论也有其特殊的规则，不要重复自己已陈述过的观点，以此来强调自己是"正确"的；也不应总是寻求最后的发言权，而应乐意让别人发言，然后认真地倾听。（Idee III, 89 ff.；ähnl. II, 61 f.）

我们要学习彼此交谈。这意味着，不要简单地重复自己的意见，而要听听他人如何进行哲学思考。不要只顾发表主张，应该不断考虑新的情况，听听旁人的陈述，然后形成新的见解。每个人都要细心体会如何从别人的立场来思考问题。我们甚至应该寻找与自己相反的思想，通过分析看到差异之中的共同点，这比一味固守自己的立场更重要。

一般来说，人们比较容易在冲动时做出决定性的判断，却很难冷静地分析思考。人们往往因为固执己见而中断了交流。持续地超越自己的思想，深入探索真理的本源，并非易事。固守一个观点，的确省却了思考的力气，却难以进一步深入下去。（HS 67 f.）

不过，我们也应注意到交谈中可能存在的问题，即人们容易在交谈的轻松氛围中旁及一些无关紧要的内容，而不做任何决断。同时，也很容易借助谈话来减轻自己应当承担的责任。

我们不应互相埋怨，而要协力寻找通往真理的道路。煽动性的言辞会降低一个人的可信度。不应侮辱他人，也不应以诋毁他人而自鸣得意。但是，同样不要以沉默表示温和，以欺骗安抚他人。在真诚的交流中，没有什么不能被提出来讨论的问题，没有理所当然的正确，更没有维护情感的谎言。但是，最不能容忍的是以无理、轻率、挑衅的判断无耻地攻击他人。要明白，我们是一个整体，当我们倾心交谈时，必须感受到我们

共同关心的事物。(HS 68 f.)

2. 合作：学校教育

每一项学术成就根本上是个人成就。它是一种具有个性特征的成就。然而，它却可以通过多人合作锦上添花。合作是在交流中产生的，它让每个人的斗志、清晰性和期望达到极致：一个人的想法与另一个人的想法互相激发，就像球在两人之间传来传去。

这种合作性的科学研究不同于集体性工作。集体性工作不妨称为科学工业。某些东西之所以被生产出来，只是因为工程首领会如此这般地指挥工人；他们也会把工人称为合作者，但其实工人不过是他们计划链条上的一个个环节而已。

集体性工作也可以采取这样的形式，比如大家在同一个部门工作，所有人都在同一个规划之下，而每个人都针对一个特定的问题负责。最终的结果体现了每个个人的努力，共同的目标将它们融合为一体，而彼此之间的对话和批评使之变得更加清晰。

精神传统的连续性体现在思想流派中：一种是对某位榜样的模仿，通过引申、改变以及其他类似的做法使他的作品长远流传。另一种与科学的传统有关，在这个传统之下，学生与教师一样独立；因为这个传统通常不是围绕某个领袖的个人人格展开的，而是围绕着一个小组展开。在这里，我们就会看到一个派别、一种或许会在几代人中间流传的思潮。在同一层次上彼此相遇的老师和学生都会在双向的交流中受益。竞争促使他们最大程度地发挥自己的潜能。当某个人的想法激起众人的反应，兴趣也会随之提升。竞争与嫉妒被转化为一种客观的竞争性热情。

思想流派是自发形成的，它们无法被凭空制造。如果试图这样做，只会使人们变得矫揉造作而无所收获。大量资质平平的人从事学术研究，已经推波助澜地造成了如下两种情形：一种是表面的、呆板的方法，这种方法简单易学，看似随处可用，因此，按固定的"计划"来看，所有人都可以"共同工作"；另一种是纯然形式化的"思想方法"，以及一些简单易学的基本概念，在此基础上可以学到衍生的新概念。

精神活动的源泉往往在最小的圈子里涌现。少数几个人，两个、三个或四个，他们或是在一个研究机构中工作，或是在同一个部门，这几个人在共同的观念中为彼此之间的交流所激发，孕育出新的洞见。精神的火花在一群朋友中间迸发，以客观的成就证明了自身的价值，最后蔚为大观，形成一种思潮。

作为整体的大学永远不可能被这样一种精神统一起来。这种精神只属于一些小圈子。一旦这些小圈子开始彼此交流，大学也就变得富有活力了。（Idee III, 91 f.; ähnl. II, 62 f. ）

但是，倘若学院采取了思想流派的形式，就会产生诸多违背柏拉图精神的现象。唯有当一所学校中的每个成员都具有独立思考能力，老师与学生之间互不依赖，柏拉图意义上的学派才会形成。若非如此，学生便会在某些事情上倾向于采取权威意见，攻击他们反对的学派；或是缺乏必要的沟通便勉强接受意见，变得温驯和盲目。学派本身蕴含着反柏拉图精神的元素，学派的兴盛可以说是宣布了柏拉图精神的死亡。(GP 314)

最后，我们可以以不同的方式做一小结：公元6世纪，查士丁尼下令封锁雅典的哲学学园，标志着柏拉图学园的终结；这是一个暴力的终结。此后，原初性的哲学思考成为一种学派，成为系统的教学。学派名义上是对哲学地位的提升，实际却是哲学的又一次终结，因为，将哲学浓缩成有系统的教学本身便意味着哲学的休止。我们的境遇恰恰就是如此：似乎只要是学派，就难以避免这样的结局。学派的生命力来源于初创者的哲学观念，后者通过现存的作品持续发挥着力量，一次又一次地重生。在西方，这种情形出现在柏拉图哲学中，此后又在奥古斯丁哲学以及少数几种哲学中重现。这里所谓的终结，事实上并非哲学本身的消亡，而是一种表现形式的结束。(A 31)

四、职业教育与整体知识

大学的任务是在学院的范围内完成的，学院机构必不可少，然而它始终面临着危险。

古老的实用课程（手工、泥工、画工、生活指南、武斗、政治艺术、一切职业训练与特殊学校中的培训）并未考虑到科学的整体性，也没有考虑到知识的纯洁性，而只是注重某种职业所需的特殊技能。与此相反，大学的科学课程则抱着科学一体化的想法，希望深入科学的根源，以便每一种职业都能在整体的科学中找到根基。每个时代的大学都必须满足实用职业的要求，在这一点上，它无异于古老的、教授实用技能的学校，但是大学带来了一种崭新的观念，那就是将实用知识纳入整体知识的范围之内。（Idee III, 101; ähnl. II, 74）

五、理论与实践相结合

实践没有科学理论指导，就像航船没有舵和罗盘。（PuW 250）

一味地大而论之，会使我们丢失现实感；而将注意力投注在过于具体的事物上，又会使我们迷失方向。即使是最微小的行动，也应与终极目标联系起来。唯有让遥远的地平线始终保留在我们的视野范围内，我们才能迈出有意义的一步。
（AZM 199）

　　抽象的力量赋予我们具体的洞见。但若将自己锁在抽象的世界里，就会与现实脱节。由于注重抽象概念，又普遍缺乏合理的思维训练，如今政治家的作为似乎总是在表面事物上打转。（AZM 292）

　　为抽象事物所操控，是此在的基本事实之一，我们唯有通过抽象概念才能看清事物。然而，我们也可以透彻地理解歌德所说的："所有实际事物本身已是理论。"也就是说，当我们解释事物时，总是不可避免地以某一概念作为大前提，唯有如此，我们才能看清事物的本质，进行思考并作出结论。理解了这一点，我们就会明白，我们借以观看事物的形式并非歪曲事物的有色眼镜，而是洞悉真理的媒介。（AZM 293 f.）

　　哲学教师将已知和未知的事物传授给学生，激发他们的现实感，使他们形成整体意识。他为学生提供一些启示和指引，使学生对结论进行深入透彻的思考。但他不会越俎代庖。（AZM 29）

　　在一个意义缺失的世界里，哲学教师可以尝试将实质性的、简单的事物讲述出来。但是思考并不等于行动，参与思考只是一种内心的准备活动，而真正的决定需要通过行动来实现。（AZM 7）

　　哲学教师应当关注那些愿意独立思考、能够虚心听取他人意见并一同思考的人。教师不应指定学生的道路，从而取消了他们继续思考和发问的机会；也不应固守教条，而是应该将问题敞开。因为，纯粹的思考不足以预先做出重要决定。决定不同于理论思考。理论可以在思想领域中自由驰骋，也可以在书写者心中悬置，但理论终究是理论，它是一种准备工作。（HS 366）

　　想要不经过学习就进行哲学思考是不大可能的，必须首先学习语言与典型的思维方式。但是，真正的哲思活动是在熟悉这些典型的思维方式、理论架构和定理之后才开始的，而这只有在个人的自我在场中才能实现。（PhN XXXI）

　　上述的思考就是我们所说的哲学思考。它使人找到了自我，改变了人的内心世界，并唤醒了原初的自我意识。而科学的意义正是来自这原初的自我。（PuW 318）［参见 *Vom Studium der Philosophie*（《关于哲学研究》）S. 318 ff.］

文献缩写对照表

A   *Antwort. Zur Kritik meiner Schrift ›Wohrin treibt die Bundesrepublik?‹* München 1967

APs   *Allgemeine Psychopathologie*, Berlin–Göttingen–Heidelberg 1959

AuP   *Aneignung und Polemik. Gesammelte Reden und Aufsätze zur Geschichte der Philosophie*, München 1968 (herausgegeben von Hans Saner)

AZM   *Die Atombome und die Zukunft des Menschen* (ungekürzte Sonderausgabe), München 1960

BRD   *Wohin treibt die Bundesrepublik?* München 1966

EP   *Existenzphilosophie. Drei Vorlesungen*, Berlin 1974

GP   *Die großen Philosophen*, 1. Bd., München 1975

GSZ   *Die geistige Situation der Zeit.* Fünfter, uneränd. Abdruck der in Sommer 1932 bearbeiteten 5. Aufl., Berlin 1960

HS   *Hoffnung und Sorge. Schriften zur deutschen Politik 1945 bis 1965*, München 1965

Idee I   *Die Idee der Universität*, Berlin 1923

Idee II   *Die Idee der Universität*, Berlin 1946

Idee III   *Die Idee der Universität*, Berlin–Göttingen–
Heidelberg 1961 (gemeinsam mit Kurt Rossmann)

KS   *Kleine Schule des Philosophischen Denkens*, München 1965

N   *Nietzsche. Einführung in das Verständnis seines Philoso-
phierens*, Berlin 1950

P   *Provokation. Gespräche und Interviews*, München 1969

PA   *Philosophische Aufsätze* (Fischer–Bücherei, Bücher des
Wissens 803), Frankfurt a. M.–Hamburg 1967

PGO   *Der Philosophische Glaube angesichts der Offenbarung*,
München 1962

Ph   *Philosophie*, Berlin–Göttingen–Heidelberg 1948

PhN   *Nachwort* (1955) in: *Philosophie I*, Berlin–Heidelberg–
New York 1973

PuW   *Philosophie und Welt. Reden und Aufsäzte*, München 1958

PW   *Psychologie der Weltanschauungen*, Berlin–Göttingen–
Heidelberg 1960

RA   *Rechenschaft und Ausblick. Reden und Aufsäzte*,
München 1958

UZG   *Vom Ursprung und Ziel der Geschichte* (piper paperbag)
München 1963

W   *Von der Wahrheit. Philosophische Logik.* Erster Band,
München 1947

译后记

童可依

卡尔·雅斯贝尔斯（Karl Theodor Jaspers, 1883—1969）是德国存在主义哲学的杰出代表。他生活在一个见证了深远政治变革的时代，终其一生伴随纳粹政治与欧洲文明战后重建的历史进程。1937年，他被迫退休。1938年，他的作品被禁止出版。1945年4月1日，美军入驻海德堡，使他与他的犹太妻子免于被驱逐至集中营的命运。*Was ist Erziehung?*（《什么是教育》）是由赫尔曼·洪恩（Hermann Horn）自雅斯贝尔斯诸多著作中辑录其谈论教育的内容编纂而成。此书中的不少内容正是写于德国经历内外深重灾难洗礼之际。在一个学生和学者共同体面临着严峻挑战的时代里，雅斯贝尔斯以哲学家的身份对教育的核心做了一番深入考察，捍卫着教育的尊严。其论述包括理性与精神、科学与人文、生存与历史、自由与权威等诸多议题，包含深刻的时代精神诊断。倘若用心聆听，这些金石之言同样可作为我们反观自身处境的镜鉴。试图在这篇短短的译后记里概述读者能从书中亲自体会的内涵，或许不免越俎代庖，因此，仅就以下几点稍作论述：

"唯有在思想领域、在理性的自由中发生了某种变化，行动才可能带来救赎。如今一切具体的计划都源于人类的获救或沉沦这一命题。"当人与世界的一切由知识建立起来的内容关系分崩离析之际，当人被赋予其存在意义的一切世界秩序所遗弃之时，雅斯贝尔斯指出，改善人类生存境况的条件并非政治行为，而是每个人都能接受教育并进行自我教育。而"教育首先是一个精神成长的过程，其次才是科学获知的过程"，其内涵在于唤醒人的本质。正是作为可能性的人之"生存"（Existenz），才是世界与历史进程的本原。

教育是一种塑造，它使人通过历史传承而真正成为自身。雅斯贝尔斯认为，应当让年轻人在历史深处倾听往昔伟大人物的声音，在当下寻找过去与未来的交流。在过往的声音面前，"日常生活不再黯淡无光，即使是最微小的行动也获得了意义，读、写、算不再只是技能的掌握，它们本身也是对精神生活的参与"。带着这样的体认，个人与时间的关系才会逐渐成熟：回忆向其揭示生活不可磨灭的基础，将来则向他展示出当下行为责任后果的空间。生命因此而变得整全。它有它的年岁、它的自我实现、它的成熟、它的责任和它的可能性。

个人影响历史的方式或许就是以理性的交流使真理从中呈现。本真的教育应当促进"人与人之间无止境的、永不设限的交流"。苏格拉底式教育就是一种典范：师生平等相待，以友

爱之心切磋琢磨，共同走向本真的自我，让真理在其中向他们
敞开。雅斯贝尔斯相信，唯有在诚挚的信任与理性的交流中显
现的真理才是能真正将人类联系在一起的纽带。

雅斯贝尔斯对经验科学的可能性与局限性同样洞若观火。
自然科学"以其精确和整洁而居于科学之首"，它培养了人精
确观察的习惯。然而，对自然科学结果的盲目信奉，只会导致
内涵丰富的整体为贫乏的世界取代，并断送人类与大自然充满
活力的、生动的交往。"人文学者与科学家都倾向于认为自己
的学科才是真正的科学。至今尚未有一种尽善尽美的教育理念
能使人文主义与现实主义融会贯通，相得益彰。"事实上，无
论是人文科学还是自然科学，都应当培养一种科学态度，即可
以为追求客观知识而暂时悬置自己的价值观点，不偏不倚地分
析事实，并保持怀疑和问难的能力，从而将知识成果转化为实
际的观察、沉思和对周围世界的把握。

《什么是教育》中文版 1991 年由三联书店推出，在当时对
国内读者了解雅斯贝尔斯的教育思想起到了重要作用。此次重
译，依据的是 1977 年 Piper 出版社的德文本 *Was ist Erziehung?*，
从中选取《对教育的反思》《对陶冶的沉思》以及《教育与大
学》和《教育与传统》的内容译出。雅斯贝尔斯的语言看似通
俗晓畅，但在翻译过程中，我也感受到了困难。困难在于，如
何将雅氏简练的语言背后的深刻洞见以同样简练的汉语传达出

来。在翻译过程中，我认真阅读了 1991 年三联版邹进的译本，以及其他雅斯贝尔斯著作的中译本，对前辈遗漏与失误之处做了弥补和校正，对其译笔精彩之处也偶有借鉴。译文中或许难免有错讹，还请方家指正。最后，感谢三联书店的王竞编辑愿意将这本分量厚重的小书交给我翻译，以及在编辑过程中的辛勤付出。